HISTOIRE

DES DEUX PROCÈS

DU JOURNAL *LA FRANCE.*

LIBRAIRIE DE DENTU, PALAIS-ROYAL.

Ouvrages du même auteur :

De la Violation des amnisties dans l'Ouest, 1 vol. in-8. Prix 3 fr.

La Vendée à trois époques, 2 vol. in-8. Prix 15 fr.

Question vendéenne, à l'occasion de la commutation de peine de Barbès. Prix 1 fr.

Histoire du procès de la France à l'occasion des Lettres. Prix 25 c.

Ouvrages de M. Frédéric Dollé :

Histoire des Six Restaurations françaises (3e édition), 1 fort vol. grand in-18, de près de 600 pages, avec une 7e époque sur la révolution qui n'est pas encore terminée.

Dubois et M. Thiers (7e édition), brochure grand in-18.

A Louis-Philippe, sur la captivité de Charles V, broch. grand in-18.

De la Décentralisation, brochure grand in-18.

Souvenirs de Voyages en Suisse, en Savoie et en France; 1 joli vol. grand in-18, accompagné de deux vignettes d'Alfred Johannot.

PARIS, IMPRIMERIE DE POUSSIELGUE,
rue du Croissant, 12.

HISTOIRE

DES DEUX PROCÈS

INTENTÉS

AU JOURNAL *LA FRANCE*

à l'occasion du récit de la rentrée de Louis XIV dans Paris et du voyage de M. le duc
de Nemours à Londres ;

Par M. Auguste Johanet.

PRIX : 25 CENT.

A PARIS,

AU BUREAU DU JOURNAL *LA FRANCE*,
rue des Filles-S. Thomas, I, place de la Bourse,

ET CHEZ LES PRINCIPAUX LIBRAIRES.

1843

HISTOIRE
DES DEUX PROCÈS

DU JOURNAL *LA FRANCE.*

AVANT-PROPOS.

Le double procès intenté au journal *la France* a tellement excité l'attention publique et l'intérêt général que son compte-rendu particulier nous a semblé un devoir sans l'accomplissement duquel une véritable lacune existerait dans l'histoire des innombrables persécutions contre la presse depuis douze années.

En effet, rien n'a encore égalé la précipitation et l'acharnement avec lesquels le parquet lança ses foudres contre l'article distingué du journal, qui n'avait certainement voulu adresser aucun blâme à M. le duc de Nemours, mais uniquement au ministère, dont la déplorable fantaisie l'exposait à toutes les appréciations et les commentaires des hommes de bien et de cœur de n'importe quelle opinion. Un fait inouï a suivi cette brutale saisie dans les bureaux de *la France* et à la poste, le 3 novembre. Déjà le 23 octobre, c'est à dire onze jours avant, une saisie avait eu lieu pour deux articles empruntés l'un à l'*Histoire de France* par Anquetil, l'autre à l'*Histoire des six Restaurations* par M. Frédéric Dollé, rédacteur-gérant de *la France,* et rappelant l'entrée de Louis XIV à Paris.

Tout annonçait qu'à son égard on adopterait la marche ordinaire, puisque le procès-verbal était du 23, et que M. le juge d'instruction de Saint-Didier avait interrogé M. Frédéric Dollé. M. le procureur-général n'ayant pas usé sur-le-champ de la latitude à lui laissée par l'article 24 de la loi du 9 septembre 1835, de citer directement à trois jours après la signification du procès-verbal de saisie, il était naturel de croire que suivant la législation émanant de la Restauration, qui donnait des garanties aux écrivains, le juge aurait fait son rapport, dans les huit jours de la notification de la saisie, à la Chambre du conseil, laquelle devait, sous peine de voir la saisie périmée, prononcer dans les dix jours. Mais cette poursuite avait soulevé l'étonnement et

les sévères réflexions des organes indépendans de la presse.
Le parquet, se voyant sans doute forcé d'y renoncer, se
hâta de la joindre à la nouvelle, et il se flatta d'avoir, par
cette combinaison, rendu infaillible un double résultat.
Ainsi on a détourné le cours de la juridiction habituelle
pour se servir soudain des lois de septembre et de la citation directe dans une circonstance où d'abord on avait ré-
solu de prendre la magistrature pour juge. Puis on n'a pas
craint de faire à cette magistrature l'injure de préférer à
son sérieux et calme examen une mesure de colère, et on
a appelé à son aide une loi votée contre la presse dans un
de ces momens de passion et de trouble où on l'a impro-
visée, et pour la modification de laquelle tant de justes réclamations se multiplient chaque jour.

On connaît le résultat des efforts prodigieux du chef du
parquet et de M. Nouguier, chargé de soutenir l'accusation
contre le journal, que son acquittement, lors du fameux
procès des *Lettres*, désignait d'autant plus à l'inflexibilité
du ministère public. Le bon droit de *la France*, si merveil-
leusement démontré par l'éloquent et habile plaidoyer de
M° Alexis Fontaine, d'Orléans, a prévalu sur tant d'insistance et d'activité.

En de telles circonstances il était nécessaire de réunir,
comme dans un seul faisceau, non seulement tous les détails de cette mémorable affaire, mais tout ce qui a été dit
à son sujet par les opinions les plus diverses. De cette manière la plus complète impartialité a fait les frais de cette
brochure, et le public pourra juger à son tour, comme le
jury, en véritable connaissance de cause.

Nous commencerons par reproduire les divers articles
qui apprécièrent la première poursuite exercée le 25 octobre. Voici comment *la France* l'annonçait :

PARIS. — 25 OCTOBRE.

« M. Frédéric Dollé, gérant de *la France*, a comparu aujourd'hui devant M. de Saint-Didier, juge d'instruction.

« Il lui a été donné communication de l'acte du parquet
qui requérait la saisie du numéro de samedi 21 octobre.
L'article incriminé a pour titre : SOUVENIRS HISTORIQUES.
C'est à propos du récit de la rentrée de Louis XIV à Paris,
à pareil jour, le 24 octobre 1652.

« M. Frédéric Dollé a répondu qu'il ne comprenait rien
à cette poursuite, car l'article se compose d'un extrait de
son *Histoire des six Restaurations françaises*, et d'un passage
de l'*Histoire de France* d'Anquetil. M. Frédéric Dollé a en
même temps remis à M. de Saint-Didier un exemplaire de

son *Histoire des six Restaurations*, lequel a été joint aux pièces de la procédure.

« L'*Histoire de France* d'Anquetil n'a jamais été incriminée; les *Six Restaurations* sont arrivées à leur troisième édition, et n'ont été à aucune époque l'objet de poursuites judiciaires.

« Nous sommes convaincus que lorsque M. de Saint-Didier fera son rapport à la chambre du conseil, cette chambre, composée de magistrats sérieux, déclarera qu'il n'y a lieu à suivre et rendra un arrêt de non-lieu.

« Le parquet en sera pour ses frais de zèle, et nous espérons qu'une autre fois il y mettra plus de circonspection, et ne persécutera plus l'histoire sous prétexte de s'attaquer à de prétendus délits de presse. »

A cette nouvelle les journaux répondirent chacun suivant sa couleur; tous blâmèrent le zèle du parquet. — Nous citons textuellement :

« *La France* appelle sa dernière saisie une persécution *gratuite*. Nous espérons bien en effet qu'elle ne lui coûtera rien. »
(Corsaire.)

« Avant-hier soir le journal légitimiste *la France* était saisi, nul ne sait pourquoi, à la poste et dans ses bureaux.

« Hier matin, une revue de huit ou dix régimens était passée aux Tuileries.

« Le matin, étalage de baïonnettes, le soir, sévice contre la presse. Voilà bien une journée libérale... selon l'esprit libéral du juste-milieu. »
(Charivari.)

On lisait dans *la Mode* :

LIBERTÉ DE LA PRESSE.

« Des procès à la presse, il n'y en aura plus, a-t-il été dit en 1830, au grand moment d'effervescence d'une révolution entreprise en vue de la liberté de la presse; depuis ce moment, nous avons pu faire une longue expérience que cette promesse était une vérité comme beaucoup d'autres.

« Ne comptons que nos blessures du mois dernier; elles sont nombreuses et saignantes. La courageuse et dévouée *Hermine* (de Nantes) a supporté les premiers coups de cette guerre de persécution dirigée par les parquets contre les journaux indépendans. Non content d'incriminer le gérant de *l'Hermine* pour y répondre du fait de publication d'une lettre sur le passage en Bretagne de M. le duc et de Mme la duchesse de Nemours, non content de comprendre dans les poursuites l'auteur de la lettre lui-même, le parquet de Nantes a voulu encore inculper M. de Kersabiec, le directeur propriétaire de *l'Hermine*. Heureusement ces tentatives de despotisme ministériel ont échoué, et notre ami le comte de Kersabiec a été mis hors de cause.

« Après *l'Hermine* est venue *la France*. Ce fidèle et courageux journal, déjà éprouvé par tant de persécutions, a été saisi samedi dernier. Les excellents articles qu'il vient de publier sur la nationalité de la Restauration, la guerre constante et opiniâtre qu'il soutient avec tout le talent que donne la conviction contre le système doctrinaire, l'avaient désigné d'avance au coups de M. Martin (du Nord). L'ombrageux ministre n'a pas failli à sa tâche. Mais la loyauté et la fidélité de *la France* sortiront victorieuses de cette persécution, et elle puisera dans la grandeur de la mission qu'elle s'est donnée, dans l'approbation des gens de bien et de nationalité, des encouragemens à la lutte, et une activité nouvelle.

« La chronique des saisies du mois dernier n'est pas complète encore. Nous avons dit que le ministère s'était alarmé de la publication d'un almanach, *le Bon Messager*, et qu'il avait ordonné des perquisitions dans les bureaux des journaux dépositaires de ce petit livre populaire; à *la Quotidienne* à *la France* et à *la Mode*. Des journaux de Paris, les perquisitions se sont étendues aux journaux de province. Il fallait bien tout cela pour établir cette grande conspiration d'un almanach qui paraît depuis trois ans, et qui a eu sans doute aux yeux du parquet l'immense tort d'avoir été vendu, chaque année, à un très grand nombre d'exemplaires. Enfin nous apprenons que l'auteur du *Bon Messager*, notre ami, M. Th. Muret, l'un des plus anciens collaborateurs de *la Quotidienne* et de *la Mode*, l'auteur de *la Vie de Henri de France*, le consciencieux et intelligent écrivain qui défend depuis longues années, avec autant de talent que de courage et de dévoûment, ses sentimens et ses convictions, a été mandé hier soir chez le juge d'instruction. M. Théodore Muret qui, cette fois comme toujours, s'était empressé de revendiquer la responsabilité de son œuvre, n'aura pas eu de peine à détruire les charges qu'on élevait contre *le Bon Messager*, et nous avons foi en la bonté et en la justice de sa cause. »

Le Charivari, avec sa verve si incisive ajoutait :

« Le bilan de la presse est maintenant passablement chargé. Mais il est un procès qui se fait remarquer entre tous par sa gravité et par les hautes questions qu'il soulève. *Le Charivari* n'a jamais donné, dans sa quatrième page, de *question politique* qui vaille celle-là.

« Je ne veux point parler du procès de *la France*, qui n'est autre chose qu'une accusation d'excitation à la haine du gouvernement, dirigée contre ce bon M. Anquetil. Le brave homme ne se doutait guère, de son vivant, qu'un jour viendrait, après sa mort, où il serait traduit en cour d'assises. Cela prouve qu'il ne faut jurer de rien; et l'on m'annoncerait, à l'heure qu'il est, que M. de Pibrac pour ses quatrains, et M. de Fénelon pour son *Éducation des filles*, sont recherchés pour cause de citation du *Tintamare*, que j'en croirais M. Martin (du Nord) très capable. Il n'est pas de livre cité dans un journal contemporain qui ne soit susceptible, par la liberté qui court, de l'être également devant les tribunaux.

« Du reste il ne faut pas s'étonner que nos gouvernans fassent le procès à l'histoire. Ce ne sera qu'un prêté rendu, et la gaillarde prendra bien sa revanche. Soyez sûrs qu'elle saura bien à son tour faire le procès à nos gouvernans.

« Je ne veux pas parler non plus du procès intenté à l'almanach *le Bon Messager*. Ne connaissant point cet almanach, nous ignorons de quoi il retourne. Toutefois il incline à croire que, dans un livre intitulé *le Bon Messager*, le cabinet aura vu une attaque épigrammatique contre son *Messager*, journal du soir.

« Il ne s'agit pas non plus du procès qui se poursuit contre *l'Hermine* de Nantes, et dont on explique ainsi la cause :

« Le parquet de Nantes, ayant perdu le procès fait tout récemment au *National de l'Ouest*, a reçu une verte semonce du ministre de la justice. Ce malheureux parquet, ne sachant où se fourrer, a dû, dit Mlle Boisgontier, tout naturellement songer à *l'Hermine*.

« Le procès signalé par nous est celui qui vient de frapper *le*

Palamède, lequel *Palamède* n'aura pas été moins surpris que Anquetil, d'avoir quelque chose à démêler avec la justice'... Mais qui n'a pas aujourdhui, tôt ou tard, quelque chose à démêler avec la justice?... Je ne connais guère que les loups-cerviers et les falsificateurs de vins ou d'autres denrées, qui, jusqu'à présent, aient eu cette chance-là...

« La question à décider se résume en ceci : Le jeu d'échecs est-il un art, une science, ou quelque chose d'équivalent? Ce qu'on écrit sur le jeu des échecs peut-il passer pour une composition littéraire? On a déploré sur la matière le silence de Napoléon Landais, sur l'autorité de qui un tribunal a décidé récemment qu'une écrevisse est un poisson.

« Mais en revanche, on s'est souvenu qu'Odry donne, dans le *Chevreuil*, une définition des échecs. Par malheur, lorsque la justice indécise a recouru au texte, elle n'a trouvé que cette phrase insuffisante : Les échecs, c'est des petits morceaux de bois qu'on plante. » Reste à savoir si ces petits morceaux de bois peuvent se transformer en amandiers plantés pour produire des amendes au bénéfice du fisc.

« Le cas est épineux. Toutefois, les meilleurs esprits de la salle des Pas-Perdus s'accordent à penser qu'en se frottant aux échecs, le fisc s'en est préparé un. »

L'unanimité avec laquelle, dans les journaux comme dans les entretiens, cette poursuite dirigée contre deux citations d'ouvrages depuis longtemps connus et jamais incriminés, était flétrie énergiquement, laissait croire que la chambre des mises en accusation n'hésiterait point à renvoyer M. Frédéric Dollé de la plainte, quand une citation directe, vint, à l'occasion d'une nouvelle saisie, confondre les deux articles. En prenant cette voie exceptionnelle le parquet se flattait évidemment qu'ils lui prêteraient mutuellement secours, dans la campagne qu'il entreprenait avec tant de joie et d'espoir contre *la France*.

Le 3 novembre, ce journal s'exprimait ainsi :

« Notre numéro d'aujourd'hui a encore été saisi à la poste et dans nos bureaux. Deux saisies successives nous sembleraient une rigueur inouïe, si *la France* n'était pas accoutumée, depuis longtemps, aux persécutions du pouvoir.

« Deux heures après la saisie dans nos bureaux, un mandat de comparution, pour demain, 11 heures du matin, a été lancé contre M. Frédéric Dollé, notre loyal gérant. On voit que le parquet ne perd pas de temps. Cette précipitation dans l'assignation, donnée le soir même de la saisie, est peut-être unique dans les fastes de la presse. »

Le 4, il ajoutait :

« Le gérant de *la France* a été interrogé ce matin par M. de Saint-Didier, juge d'instruction.

« La poursuite contre le journal s'exerce sur un article de notre numéro d'hier, relatif au voyage de M. le duc de Nemours à Londres, au moment où M. le duc de Bordeaux doit s'y rendre.

« M. Frédéric Dollé a répondu qu'il ne comprenait rien à cette accusation, ayant lu avec soin, avant l'impression, l'article incriminé, et n'y ayant rien trouvé qui motivàt la poursuite exercée contre notre feuille.

« C'est aussi ce que pense *la Réforme*, journal dont les opinions nous sont contraires, et qui s'exprime ce matin dans les termes suivans :

« Nous venons de relire avec attention le numéro de *la* » *France :* nous ne comprenons pas comment le parquet » n'a pas senti qu'en saisissant cette feuille il donnait une › véritable importance à son article d'aujourd'hui : il y a » là une maladresse qui rappelle la fable de *l'Amateur des* » *Jardins* de La Fontaine. »

« M. de Saint-Didier a fait connaître à M. Frédéric Dollé les divers délits dont il était accusé : ils sont au nombre de quatre : 1° outrage envers les membres de la famille royale ; — 2° adhésion à une forme de gouvernement autre que celui fondé en 1830 ; — 3° excitation à la haine et au mépris envers un membre de la famille du roi ; — 4° attaques contre les droits que Louis Philippe tient du vœu de la nation, d'après la Charte de 1830.

« Forts de la conviction que nous avons d'être restés dans les limites de la loi, nous attendons sans crainte les suites de ce nouveau procès, et nous espérons fermement que la décision du jury renversera tout cet échafaudage, si laborieusement et si péniblement amoncelé contre nous.

« Au moment de mettre sous presse, au moment où nous croyons la journée *terminée*, nous recevons quatre pages in-folio signées de M. Claude Lallement, huissier-audiencier près la cour royale ; Hébert procureur-général, et Brisson, président de la cour d'assises de la Seine, desquelles il résulte que le gérant de *la France*, M. Frédéric Dollé, est traduit devant la cour d'assises pour le 9 novembre !...

« Le parquet est *brûlant d'activité !* Saisie le 3, à quatre heures ; mandat de comparution le 3, à 6 heures ; le 4, à midi, interrogatoire. Le même jour, *mais un peu tard*, à la vérité, citation, pour le 9, à la cour d'assises.

« Mais ce n'est pas tout. Nous avions un compte déjà vieux (il date de dix jours) à régler avec le parquet ; on veut réparer le temps perdu, et nous aurons le même jour, 9 novembre, à plaider aussi sur cette première saisie *incomprise !* Voilà une journée bien *remplie.*

« A ce propos, nous devons dire que l'officier ministériel qui nous a apporté tous ces actes, ne s'est pas contenté, suivant *l'usage*, de les remettre, parlant au *portier ainsi déclaré.* Il a tenu à pouvoir inscrire sur son grimoire, parlant au CAISSIER *du journal ainsi déclaré.* Cette façon de préjuger la question, trahit la pensée de la saisie. »

On voit que la précipitation et l'ardeur, n'étaient pas épargnés dès le début, on eut dit qu'il s'agissait du plus grand crime d'état et que la répression ne pouvait être ni trop prompte, ni trop terrible.

Dès que cette seconde saisie fut connue dans la capitale et surtout dès qu'on sut qu'elle avait pour prétexte un long et remarquable article contenant un paralèle entre le voyage de S. A. R. Mgr. le duc de Bordeaux à Londres et celui de M, le duc et de Mme la duchesse de Nemours dans cette même ville, on rechercha de toutes parts *la France,* et les passages incriminés contre lesquels on accumulait, tant de chef d'accusation furent l'objet d'un examen sérieux de la part des organes de la presse indépendante et même de celle dynastique. Sur ce point encore, et afin de rester dans les limites d'une rigoureuse exactitude, nous allons citer textuellement :

NATIONAL.

« On annonce que le duc de Bordeaux va se rendre à Londres ; aussitôt le ministère s'effraie, et le duc de Nemours doit immédiatement se mettre en route pour contrebalancer l'influence du jeune Henri près de la cour et de l'aristocratie de la Grande-Bretagne. Les feuilles légitimistes, profitant alors de l'occasion, mettent en regard les conditions dans lesquelles le futur régent et le rejeton de la branche aînée se présentent à Londres, et Dieu sait quels avantages elles savent tirer du parallèle en faveur de leur prétendant. Dans son dépit, le ministère ne trouve rien de mieux que de saisir le journal auquel il a fait si beau jeu, et c'est par une seconde sottise qu'il essaie de réparer la première. Ainsi, faiblesse d'abord, brutalité ensuite, telle est et telle a toujours été la conduite d'un pouvoir qui croit qu'un procès est une raison.

« Cependant les gens les moins soucieux de la perpétuité de la dynastie d'Orléans, voyant les ministres prendre si fort au sérieux les promenades du duc de Bordeaux, se demandent si la France est menacée d'une troisième restauration. De telle sorte que l'habileté de M. Guizot et les procès de M. Martin (du Nord) aboutissent à ce merveilleux résultat qu'ils font grandir le prétendant de tout le bruit dont ils sont cause. »

La Mode :

« *La France* vient d'être encore une fois saisie. Les doctrinaires sont en proie à la fièvre du réquisitoire, depuis le voyage d'Angleterre, et, ne pouvant frapper de l'autre côté du détroit, ils frappent la presse royaliste qu'ils trouvent à leur portée. Ces persécutions, dirigées coup sur coup contre *la France,* témoignent en faveur de cet énergique journal. C'est au poste d'avant-garde qu'on reçoit les blessures, et c'est en combattant les apostats et les traîtres, en défendant le malheur et l'exil, que *la France* a été noblement blessée. Son loyal et courageux gérant, M. Frédéric Dollé, qui, il y a peu de jours, avait été interrogé sur l'article intitulé *Souvenirs Historiques,* et emprunté à *l'Histoire des six Restaurations,* a été cette fois interrogé sur un article relatif au voyage de M. le duc de Nemours en Angleterre, et où le ministère public n'a découvert pas moins de six délits. Bref, de là, *la France* est citée à comparaître devant la cour d'assises. Espérons que le jury renversera tout cet échafaudage si laborieusement amoncelé contre cette feuille, si courageuse pour combattre la politique des ministres de l'étranger. »

La Patrie :

« Les poursuites récentes dirigées contre le journal *la France* tendent à faire revivre les traditions de l'ancien régime. Par une fausse interprétation du principe de *l'inviolabilité royale*, on voudrait confondre les attaques contre les membres de la famille royale, parmi les crimes de haute trahison.

« L'inviolabilité de la personne du roi n'est qu'une conséquence immédiate et directe de la responsabilité ministérielle. Si le roi ne peut pas, dans un gouvernement constitutionnel, *mal faire*, c'est uniquement parce qu'il est censé ne rien faire par lui-même, et que ses actes sont toujours couverts par la responsabilité de ses ministres. D'où il suit que, là où il n'y a point de responsabilité ministérielle, il ne peut y avoir aucune inviolabilité. Il ne nous appartient pas de décider jusqu'à quel point l'article incriminé de *la France* a dépassé les bornes de la liberté de la presse. Mais il importe à tous les journaux en général de combattre les efforts rétrogrades de M. Guizot, qui voudrait assimiler les membres de la famille royale à la personne du roi.

« Que l'on nous cite un seul état absolu ou constitutionnel en Europe, où les princes du sang jouissent de l'inviolabilité royale, telle que le parquet s'efforce de l'établir, dans le cas présent, en faveur de M. le duc de Nemours ! Pour démontrer que les gouvernemens les plus absolus entendent l'inviolabilité du chef de l'état comme nous, il suffit de rappeler l'attentat commis en 1831 contre le prince héréditaire, aujourd'hui empereur d'Autriche. Ce prince ayant refusé à un capitaine de chasseurs un secours pécuniaire, l'héritier du trône fut assailli à la promenade par l'officier irrité, qui lui tira un coup de pistolet à bout portant : heureusement le coup vint s'amortir dans la ouate de son habit. Le cas ayant été déféré au conseil des ministres, il fut décidé que l'assassin ne s'était rendu coupable que d'un attentat simple, commis par un militaire envers son supérieur, le prince héréditaire occupant le poste de lieutenant-général dans l'armée. Sur la demande en grâce de la part du prince, l'officier qui avait été condamné par le conseil de guerre à la peine de mort, en fut quitte pour cinq ans de prison. Et, notez bien qu'il s'agissait d'un attentat contre la personne du prince héréditaire du trône, qui, plus que tout autre membre de la famille impériale, pouvait invoquer *l'inviolabilité* que le procureur-général voudrait faire valoir aujourd'hui en faveur de M. le duc de Nemours, lequel n'est pas héritier immédiat de la couronne. Si M. le duc de Nemours était *régent*, l'inviolabilité royale ne lui appartiendrait même pas, car, comme l'a dit très bien M. de Lamartine lors de la discussion de la loi de régence, *le régent n'est pas le représentant, mais le tuteur de la royauté*, et par conséquent les droits de majesté restent inhérens à la personne du roi mineur.

« Que la presse se tienne sur ses gardes. Il y a deux ans, M. Guizot a fait condamner M. Dupoty, pour établir le principe de la *complicité morale*. Aujourd'hui on voudrait faire proclamer *l'inviolabilité des membres de la famille royale*, pour que les princes pussent mieux à leur aise s'ingérer dans l'administration supérieure de l'état, sans être exposés à la critique et au contrôle de leurs actes. C'est trop à la fois, d'une invention nouvelle de ce genre, et d'une réaction contre-révolutionnaire. »

L'Echo du Midi :

« *La France* du 3 novembre a été saisie. Le ministère s'étant aperçu peut-être que la saisie du 21 octobre ne pouvait avoir aucun résultat satisfaisant, a cru peut-être trouver à se dédommager dans le second article qu'il vient d'incriminer. Il éprouve sans doute le besoin d'obtenir une condamnation de plus contre ce courageux journal, dont trois gérans se sont trouvés ensemble sous les verroux ; mais *la France* n'en est point intimidée, et, en annonçant

sa dernière saisie, elle parle aussi haut et aussi ferme que jamais.
— Que voulez-vous messieurs du ministère? Il y a des gens qu'on
ne peut corriger de leurs vertus. »

OPINION DE M. GUIZOT,

SUR LES SAISIES DE *LA FRANCE*.

AIR : *Eteignons les lumières*, etc.

Le Système obtient plein succès,
 Bourgeois, dormez tranquilles !
Cependant quelques bons procès
 Ne sont pas inutiles.
 Il est un journal surtout
 Que j'aime à pousser à bout.
C'est pain bénit de le saisir.
 Incriminer la *France*,
 Ça fait toujours plaisir.

Le Français, peuple de badauds,
 Pleure pour qu'on lui laisse
Cette serinette à nigauds
 Qu'on appelle la presse.
 Soit ! mais il faut sur ma foi,
 Quelle pâtisse avec moi.
 Mon parquet la relance,
Qu'elle songe à se bien tenir !
 Faire enrager la *France*,
 Ça fait toujours plaisir.

Morbleu, je me souviens du tour,
 Tour affreux que des traîtres
Osèrent nous jouer un jour,
 Avec d'infâmes lettres.
 Les scélérats effrontés
 Hélas ! furent acquittés !
 Malgré cette sentence,
Je ne suis pas homme à faiblir ;
 Chercher noise à la *France*,
 Ça fait toujours plaisir.

Un beau discours tout préparé
 Aura leurs vœux pour texte ;
Mais de quelque bon coup fourré
 Ce sera le prétexte.
 Vous nous avez attaqués,
 Vilipendés, offusqués.
 De votre impertinence
Nous avons tous bon souvenir ;
 S'attaquer à la *France*,
 Ça fait toujours plaisir.

Cette fois nous nous vengerons :
 Grâce à certaines listes,
Nous effacerons vos affronts,
 Messieurs les journalistes.
 Quoi qu'on dise la prison
 Met les gens à la raison.

Je bats des mains d'avance
A l'arrêt qui va vous punir.
Tenir sous clef la *France,*
Ça fait toujours plaisir.

Puis, Messieurs, il faudra payer;
Pour qu'on vous tienne quitte,
Il faut, ainsi que le geôlier,
Que le trésor profite.
Deux ou trois milliers d'écus,
On n'exigera pas plus.
La somme en conscience
Est forte et peut vous appauvrir;
Mais ruiner la *France,*
Ça fait toujours plaisir.

L. DE L......

(*Charivari.*)

On lit dans *la Quotidienne :*

« En regard du *progrès* dans le régime des prisons, il ne sera pas mal de placer le *progrès* dans les poursuites contre les délits de la presse. *La France,* qui soutient en ce moment deux procès à la fois, va nous fournir, à cet égard, des rapprochemens vingt fois faits, mais toujours bons à reproduire :

« La Restauration, contre laquelle on a tant crié, avait donné des garanties aux écrivains. Ainsi, d'après la loi du 26 mai 1819, le juge d'instruction saisissait sur la plainte du procureur-général. Le procès-verbal de la saisie devait être notifié dans les trois jours de la saisie, sous peine de nullité. Dans les huit jours de la notification, le juge devait faire son rapport à la chambre du conseil, et cette chambre devait, sous peine de voir la saisie périmée, prononcer dans les dix jours de la notification du procès-verbal de saisie.

« Notre premier numéro a été arrêté à la poste le 21 octobre. Le procès-verbal de saisie est du 23. Le juge d'instruction a interrogé M. Frédéric Dollé ; nous devions croire que la procédure suivrait le cours ordinaire, M. le procureur-général n'ayant pas usé sur-le-champ de la latitude qui lui était laissée par l'art. 24 de la loi du 9 septembre 1835, de citer directement à trois jours après la signification du procès-verbal de saisie.

« Dans les limites de la loi du 26 mai 1819, la péremption nous était acquise depuis avant-hier, 4 novembre. Le jour de la Saint-Charles nous couvrait de sa royale protection. Le parquet n'a pas voulu nous donner cette satisfaction... Libre à lui. Nous comparaîtrons donc le 9 novembre, forts de nos convictions et de notre innocence, et nous attendrons avec tranquillité la décision du jury.

« Il y a là une question de droit dont, à notre avis, *la France* devrait saisir la justice. Le parquet peut-il, quand il a perdu le bénéfice de la loi de 1819, se rabattre sur la loi de 1835 ? Nous ne le croyons pas : et, dans tous les cas, il est de l'intérêt de la presse entière que la question soit posée et débattue.

« Le journal *la France* a encore été saisi vendredi dernier. Cette fois, c'est à l'occasion d'un article relatif au voyage de M. le duc de Nemours à Londres, au moment où Mgr le duc de Bordeaux doit s'y rendre. On sait que le numéro de *la France* du 21 octobre a également été saisi. Le ministère public, s'apercevant sans doute que la première saisie avait été faite légèrement, et que l'article qui l'avait motivée ne pourrait attirer sur ce journal une condamnation, a joint les deux affaires, et M. Frédéric Dollé, gérant responsable, a été cité devant la cour d'assises pour le 9 novembre, pour répondre à la prévention des délits. »   (*Ami de la Religion.*)

« Le parquet intente au journal *la France* procès sur procès. On veut suppléer, sans doute, à la qualité par la quantité. »
                              (*Charivari.*)

« Avant d'annoncer la saisie de *la France*, la *Réforme* dit :

« La nouvelle de la réception de M. le duc de Bordeaux en Angleterre a mis en émoi tout ce qui porte un cœur dynastique. »

« La nouvelle persécution dirigée contre notre feuille inspire à *l'Echo français* les réflexions suivantes :

« Nous ne pouvons que nous affliger de voir *la France*, cette feuille consciencieuse, continuellement en butte aux fureurs du Système. Aurait-il l'intention de compter à l'avenir ses journées par le nombre des saisies ? »

Le journal *le Commerce* annonça ainsi à ses lecteurs les nouvelles poursuites dirigées contre *la France* :

« Le journal *la France* a encore été saisi aujourd'hui à la poste et dans ses bureaux. Le gérant a reçu un mandat de comparution pour demain matin à onze heures.

« Nous avons lu l'article qui paraît avoir motivé la saisie ; nous n'en partageons pas les opinions, nous ne croyons pas cependant qu'il sorte des limites de la liberté de la presse, et il y a dans les saisies dont *la France* a été l'objet coup sur coup quelque chose qui ressemble à de la persécution. »

Le grand jour de la bataille arriva, et il fut facile de voir quelle immense importance le parquet attachait à une victoire dont il semblait ne pas douter. Dès le matin, les abords du palais de justice étaient encombrés de sergens de ville, d'agens de la force armée, attestant que le ministère allait donner à son triomphe un éclat et un retentissement extraordinaires ; à l'intérieur, rien ne manquait au déploiement d'autres forces qu'on avait voulu réunir pour cette solennité. M. le procureur-général Hébert avait fait choix d'un des avocats-généraux les plus actifs, M. Nouguier, et tout l'arsenal des argumens puisés dans le passé comme dans l'avenir, avait été appelé à l'aide du réquisitoire. Un vaste dossier contenant les articles de *la France* incriminés depuis douze années (les fameuses *lettres* seules étaient absentes et on n'en a pas même parlé), figurait comme un puissant auxiliaire, près du ministère public, flanqué en outre, ainsi que d'une bastille inexpugnable, des numéros faisant l'objet de cette chère poursuite. Non loin de lui, des membres du parquet ; en face, M. Hébert, dont le regard et le geste traduisaient à merveille les sentimens et les pensées, auxquels, de temps à autre, sa parole s'échappant de sa poitrine satisfaite, donnait un libre cours, par un assentiment à son jeune subalterne plus ou moins bien inspiré.

La France, de son côté, était escortée comme de coutume, de ces hommes loyaux et qu'on retrouve toujours là où les organes de leur opinion courent un danger ; mais il était facile de voir que la spontanéité et la sympathie avaient fait tous les frais de cette assistance distinguée. D'autre part, et c'était là la meilleure preuve de l'intérêt qui s'attachait à ce procès dont le motif n'était désormais ignoré de personne, l'enceinte réservée au public était dès le matin envahie par des hommes de la classe du peuple qui après avoir lu l'article saisi, les réflexions et les comparaisons auxquelles en de telles circonstances il se livrait, accouraient là, dans l'espoir d'entendre sortir de la bouche du jury la confirmation de l'arrêt que leur droiture et leur bon sens avaient déjà prononcé.

Le réquisitoire de M. le procureur-général signifié à M. Dollé était tellement long et a accumulé si inutilement les charges, qu'en vainqueurs généreux nous ne le reproduirons pas ici.

Voici maintenant le compte-rendu que *la France* a donné de cette fameuse audience :

COUR D'ASSISES DE LA SEINE.

Audience du 9 novembre.

PRÉSIDENCE DE M. BRISSON.

Affaire de la *FRANCE*. — Acquittement.

Depuis longtemps les poursuites contre la presse semblaient se ralentir, mais ces jours derniers on s'est ravisé, et *la France* a ouvert une nouvelle série. On a saisi le moment du voyage de M. le duc de Bordeaux en Angleterre, et aujourd'hui, à l'occasion de deux articles publiés sur ce voyage, nous étions assignés devant le jury, par voie de citation directe, pour répondre aux délits : 1° d'attaque contre les droits de Louis-Philippe ; 2° d'adhésion à une autre forme de gouvernement ; 3° d'offense envers les membres de la famille de Louis-Philippe ; 4° d'attaque contre le principe et la forme du gouvernement de juillet; 5° d'excitation à la haine et au mépris du gouvernement.

Ce procès avait attiré à l'audience un grand nombre de curieux.

M. Nouguier, avocat-général, occupait le siége du ministère public. En face de lui et en habit de ville, on remarquait M. le procureur-général Hébert et plusieurs membres du parquet.

Mᵉ Fontaine, assisté de Mᵉ Auguste Johanet, nous prêtait l'appui de son talent.

Immédiatement après l'appel de la cause, M. le président fait prêter le serment à MM. les jurés, qui répondent : « Je le jure ! » dans l'ordre suivant : MM. Petitot, Benard, Lallier,

Damblève, Braconot, Lorget, Perret, Dumont, Seille, Brunton, Suizeau et Prélat.

M. Frédéric Dollé, notre gérant, interpellé par M. le président, déclare assumer la responsabilité des deux articles incriminés.

M⁰ **FONTAINE** se lève et pose les conclusions suivantes :

Attendu que le numéro du 21 octobre a donné lieu à une instruction par les voies ordinaires et de droit commun dans les termes de la loi du 28 mai 1819 ;

Que la saisie a donné lieu même à l'ordonnance de la chambre du conseil ; que, dans cet état, il n'était plus loisible au ministère public de recourir à la voie de la citation directe dans les termes de l'art. 24 de la loi du 24 septembre 1835 ;

Déclare nulle la citation et la poursuite à l'égard du 21 octobre 1843.

M. **NOUGUIER.** Nous comprenons que le journal *la France* s'attache à opposer une fin de non-recevoir sur un article évidemment condamnable ; mais la doctrine invoquée par le défenseur repose sur une erreur de droit manifeste, et il nous importe de la relever. La difficulté qu'on nous oppose sur le droit de citation directe, l'art. 24 de la loi du 9 septembre 1835 la résout d'une manière péremptoire.

Après avoir cité cet article, le ministère public continue ainsi :

Tout à l'heure, le défenseur nous a demandé la communication du dossier, afin de prendre connaissance de l'ordonnance de la chambre du conseil. Eh bien ! voici cette ordonnance : la saisie a été déclarée régulière, et la chambre du conseil a reconnu qu'il y avait lieu à poursuites. Quant au fond de la question, l'autorité judiciaire n'a pu encore en être saisie. C'est à cette autorité, au jury, qu'il appartient de l'apprécier.

Nous savons que la presse hostile au gouvernement a cherché à équivoquer sur les termes de l'article 24 de la loi du 9 septembre 1835 ; nous savons même qu'un arrêt n'a pas partagé la doctrine que nous émettons ici ; mais le ministère public s'est pourvu, et la cour de cassation a posé en principe que tant qu'il ne s'agissait que de la forme, le ministère public conservait toujours son droit de citation directe.

A cette occasion, ajoute M. Nouguier, nous citerons le journal la *Mode*, dont les opinions se rapprochent de celles du journal incriminé, et nous dirons que dans une espèce identique, il ne nous a pas contesté ce principe, et qu'il s'est fait justice en la forme comme au fond, en faisant défaut.

Nous ne croyons donc pas abuser plus longtemps de vos momens en défendant un principe qui trahit à merveille les préoccupations de la *France*, mise aujourd'hui en présence de ces articles.

La cour, après en avoir délibéré en la chambre du conseil, repousse les conclusions de M° Fontaine.

La parole est donnée à M. l'avocat général.

M. NOUGUIER. En écoutant ces réclamations préliminaires de notre adversaire, vous avez dû comprendre que le journal la *France* était amené devant vous pour répondre à deux préventions différentes.

Si nous avons insisté pour que l'un et l'autre articles incriminés comparussent devant vous, ce n'est pas que celui-ci eût besoin de l'assistance de celui-là pour être condamné, mais c'est parcequ'il nous a paru impossible de laisser passer dans notre jurisprudence un principe mauvais en soi.

Voilà ce qui explique, ce qui motive, ce qui légitime la résistance que nous avons opposée à la demande du défenseur du journal que nous avons saisi. Deux numéros de ce journal sont traduits par nous en ce moment devant le jury. C'est à notre corps défendant que nous avons agi de la sorte; dans un pays sage, ami de ses droits et de ses lois, intelligent de toutes ses libertés, connaissant parfaitement et ses amis et ses ennemis, sachant résister aux entraînemens irréfléchis, nous avons d'abord dû laisser beaucoup à faire à l'opinion publique; mais enfin il y a un terme où la patience la plus généreuse doit passer pour de la faiblesse, et notre longanimité ne peut être éternelle. Le moment est arrivé où le ministère public s'est vu contraint de saisir les tribunaux, sous peine de forfaiture.

C'est là la position que le journal la *France* nous a faite. Dans ces derniers temps, le voile toujours très transparent de ses articles a été levé avec une sorte de présomption et de vanité. On ne laissait plus aux mots cet artifice qui aurait pu dissimuler la pensée, et cependant nous avons attendu, attendu jusqu'au moment où toute illusion a été interdite sur les intentions, sur les projets des ennemis de la révolution de juillet 1830.

Mais enfin une circonstance a surgi, circonstance qui a décelé les espérances du parti que nous venons attaquer, combattre aujourd'hui devant vous.

Vous n'êtes pas plus étrangers que nous à la lecture de ces publications qui nous révèlent chaque jour l'espoir des partisans de l'ancienne famille royale. Le représentant de cette famille a cru devoir entreprendre divers voyages. Il a d'abord parcouru l'Italie et la Prusse, puis il s'est rapproché de la France, puis il est venu s'asseoir aux portes du pays : il a débarqué en Angleterre.

Après quelques autres observations. M. l'avocat général ajoute :

Maintenant, voici les délits résultant des articles incriminés : le premier article, à la date du 21 octobre dernier, contient un double délit, et ce délit, vous le comprendrez à la seule lecture ; vous verrez qu'il y a d'abord attaque contre les droits que le roi tient du vœu de la nation française, exprimée dans la déclaration du 7 août 1830; ensuite acte d'adhésion fait publiquement à une autre forme de gouvernement, en attribuant des droits au trône de France à une personne bannie à perpétuité, et en exprimant le vœu et l'espoir de la destruction de l'ordre monarchique constitutionnel et de la restauration de la dynastie déchue.

En effet, ce n'est pas seulement à nos institutions politiques que l'article s'attaque, mais à la personne du roi, qui est la personnification de ces institutions. Je n'ai pas besoin de m'arrêter à la gravité du délit; il s'adresse à l'essence du gouvernement actuel, et rien n'est plus digne de votre sollicitude que la répression d'un pareil délit.

Quand vous connaîtrez l'article incriminé, vous serez frappés d'une sorte de stupeur; vous vous demanderez peut-être comment un article qui a pour titre *Souvenirs historiques*, comment un article emprunté à la nuit des temps a pu provoquer la sévérité du ministère public... C'est probablement, direz vous, un rêve de la prévention. Non, Messieurs; et comme nous, vous reconnaîtrez bientôt que ce n'est plus une de ces éphémérides qu'un écrivain rappelle pour l'instruction de ses lecteurs, mais une allusion que certains esprits veulent appliquer aux faits d'aujourd'hui. Evidemment, messieurs, il est impossible, en lisant l'article, de ne pas se pénétrer de cette pensée, que l'écrivain n'a eu d'autre but, d'autre intention que de parler de Mgr le duc de Bordeaux. Il me suffira de vous donner lecture des deux premiers paragraphes de cet article. Voici dans quels termes ils sont conçus :

« C'est aujourd'hui, 21 octobre, l'heureux anniversaire de la rentrée à Paris de Louis XIV, après les troubles de la Fronde. Comme Mgr le duc de Bordeaux, ce prince s'appelait Dieu-Donné, et, comme lui aussi, il quitta Paris devant plus de douze cents barricades, « lesquelles étaient si fortes, disent les Mémoires du temps, que tout le reste du royaume assemblé n'eût pas été capable de les forcer. »

« Le retour du jeune Roi fit cesser tous les troubles, toutes les prétentions illégitimes ; il y eu une amnistie générale, même pour M. le duc d'Orléans, qui avait usurpé le pouvoir, et dès lors commença pour la France le règne glorieux du monarque qui donna son nom à son siècle. Deux mois avant cette restauration, personne n'y croyait en France, et les royalistes étaient honnis, calomniés ; sur le simple soupçon qu'il s'en trouvait un jour à l'Hôtel-de-Ville, on mit le feu à ce palais pour qu'ils n'échappassent point, et, le 2 juillet 1652, Condé livrait bataille aux soldats du Roi à la porte Saint-Antoine, Mlle d'Orléans faisait tirer sur eux le canon de la Bastille, et on les massacrait partout où on les trouvait. Cependant, trois mois après, le jeune Dieu-Donné avait repris possession du sceptre de ses ancêtres. Une étincelle avait allumé l'incendie, une goute de rosée du ciel l'éteignit... Quelques hommes d'élite ayant été vi-

siter le jeune prince au lieu de son exil, tout le monde
voulut les imiter. »

Eh bien ! maintenant, permettez-nous une question, con
tinue M. Nouguier en s'adressant au gérant de *la France*
mettez la main sur votre conscience, et je vous demande s
c'est de Gaston d'Orléans et de Louis XIV, ou du duc
de Bordeaux que vous avez voulu parler. Ici est la
question ; voyons s'il ne s'agit pas plutôt du duc de
Bordeaux ; voyons s'il y a assimilation entre la position de
ce prince et celle des personnages cités dans l'article. Il
est évident que, d'après les termes de la citation, c'est le
duc de Bordeaux qu'on a eu en vue ; c'est son retour qui a
été dans la pensée de l'écrivain. Mais, dira-t-on, on cite
Louis XIV.,. Oui, sans doute ; mais à cela je répondrai : « Où
avez-vous vu qualifier Louis XIV *de jeune Roi*? Dans aucune
histoire... Partout on dit *Louis XIV mineur.* » Ce n'est pas
tout... un mot vient rendre plus claire votre pensée... Vous
appelez Louis XIV, *Dieudonné*, comme si c'était le nom de
ses ancêtres. Et cependant il s'agit de Louis XIV mineur, et
roi de France depuis cinq ans ! Est-ce Anquetil ? est-ce
Voltaire ? est-ce le cardinal de Retz, qui a ainsi appelé
Louis XIV ?

Je n'ai point fini sur ce point : suivons les événemens, et
examinons si l'écrivain a voulu seulement citer l'histoire
des temps passés. Nous lisons dans l'article : « Il y eut, dit
cet article, une amnistie général, même pour M. le duc de
d'Orléans qui avait usurpé le pouvoir. » Messieurs, vous
connaissez aussi bien que nous l'histoire ; tout le monde
sait que le pouvoir royal n'avait pas été usurpé par Gaston
d'Orléans ; tout le monde sait que le roi avait toujours été
reconnu roi par le grand Condé comme par Gaston d'Orléans, et dès lors où est donc cette usurpation qui avait nécessité une amnistie. Dites-le franchement, vous n'avez pas
entendu parler de l'usurpation d'autrefois, mais de l'usurpation d'aujourd'hui qui était dans votre pensée.

Que dites-vous encore dans l'article : « Deux mois avant
cette restauration personne n'y croyait en France ; » mais
où fut donc cette restauration ? personne n'y pensait autrefois ; jamais, alors, la royauté de Louis XIV ne fut mise en
question. Le mot restauration s'est trouvé maladroitement
sous la plume de l'écrivain.

Enfin un dernier mot. « Quelques hommes d'élite, ajoute
l'article, ayant été visiter le jeune prince au lieu de son
exil, tout le monde voulut les imiter. » Ah ! vous le comprenez bien, messieurs, on a voulu annoncer dans les journaux une opinion sur des visites, sur des voyages. Ah ! vous
le comprenez bien, *la France* a voulu grossir l'émigration
de ceux qui sont allés trouver en Angleterre M. le duc de
Bordeaux ; et lorsqu'elle parle ainsi, ne faut-il pas conce-
voir qu'elle a prétendu faire de l'actualité. Elle ne nous dé-
savouera pas. Si elle le faisait, nous lui demanderions si
elle a voulu faire de l'histoire en s'adressant au souvenir de

Louis XIV. S'il y a eu exil pour ce grand roi ; car, enfin, Poitiers et Orléans ne sont pas des lieux d'exil ; l'Angleterre seule est un lieu d'exil.

Nous passons maintenant au deuxième article. Cet article vous donnera à juger deux délits, savoir : 1° attaques aux droits que le roi tient du vœu de la nation ; 2° acte d'adhésion à une autre forme de gouvernement. A côté de ces délits se placent deux autres délits, dont vous comprendrez la relation avec les autres. C'est d'une part celui qualifié d'offense envers un membre de la famille royale ; car, messieurs, pour détruire, il faut s'attaquer à toutes les personnes du gouvernement, il faut s'attaquer surtont à celle qui sera appelée un jour à devenir régent du royaume ; d'autre part enfin, le délit d'excitation à la haine et au mépris du gouvernement. Rien, messieurs, n'est épargné dans l'article que nous vous signalons ; il va droit au cœur de ce qui fait notre force et notre salut.

M. le duc de Nemours forme le projet d'un voyage à Londres. Ce projet, s'il se réalise, tout le monde en comprendra la pensée. Lorsque la reine d'Angleterre vint en France, elle fut accueillie par le roi de notre pays. M. le duc de Nemours, étaient alors absent pour le service de l'état ; il était appelé à une inspection par la nécessité dc son grade dans l'armée. M. le duc de Nemours, qui obéit à la loi du devoir, obéit cependant avec une sorte de regret parcequ'il appréciait la courtoisie de la reine d'Angleterre. Il crut dès lors convenable pour sa dignité personnelle d'aller en Angleterre et d'y déposer ses respects aux pieds de la reine. Voilà le but, voilà la vraie pensée de son voyage. Eh bien, que va faire *la France*, elle ne s'inquiète pas des motifs du prince, et s'armant d'une omnipotence extrême, elle gourmande le prince et prétend qu'il ne doit pas sortir du royaume, comme si les princes n'avaient pas le droit de jouir de la liberté qui appartient à tous. Et dans quels termes s'exprime-t-elle ? Pour le juger, donnons lecture de l'article du 3 novembre.

Le ministère public donne lecture de cet article en appuyant sur les expressions qui lui paraissent condamnables. (Voir dans le plaidoyer de M⁰ Fontaine.)

Messieurs, voilà l'article du 3 novembre. Nous ne citons pas une phrase de M. de Châteaubriand qui le termine. Examinons le premier délit, relatif à l'offense envers un membre de la famille royale. Oh ! ce délit ne manque pas dans l'article. A cet égard *la France* a prodigué odieusement les expressions les plus insultantes pour M. le duc de Bordeaux...

M⁰ FONTAINE. Vous voulez dire pour le duc de Nemours.

M. NOUGUIER, se reprenant. Oui, pour M. le duc de Nemours. Permettez-moi de vous rappeler plus spécialement les passages. C'est le ridicule jeté sur le voyage de longue durée du prince, plus loin on traduit le nouveau voyage en un voyage de commis-voyageurs politiques, dans un autre passage on veut que le prince aille en Angleterre pour persécuter M. le duc de Bordeaux sur la terre d'exil.

Arrivant au délit d'adhésion à une autre forme de gouvernement, le ministère public cite le passage où il est dit que M. le duc de Bordeaux a été frappé d'un malheur qu'il n'a pas mérité, et soutient que ce passage renferme évidemment le délit. Tout, dit-il, tend à faire ressortir cette pensée qu'une autre royauté dure encore malgré la révolution de juillet. Abordant ensuite le délit d'excitation à la haine et au mépris du gouvernement, M. Nouguier revient sur la phrase où la France de juillet est représentée comme ne voulant, comme ne pouvant plus rien pour sa propre dignité.

Des articles de cette nature, dit en terminant M. l'avocat-général, il suffit de le lire pour les juger. Vous êtes ici, Messieurs les jurés, les représentans de grands intérêts. Nous savons mieux que personne que jamais vous ne les avez méconnus. Aussi sommes-nous certains que vous vous empresserez de remplir le mandat national qui vous est donné en ce moment, et que vous n'hésiterez pas à réprimer les écarts du journal incriminé. »

Au moment où M⁰ Fontaine a pris la parole, un profond silence a régné dans toute la salle. L'auditoire se sentait à l'aise en pensant que tous ces mauvais argumens allaient être réfutés par l'habile avocat, qui a su à la fois se faire au barreau un grande position, tant par l'éclat et le succès avec lesquels il a pris part aux plus graves causes politiques, que par l'érudition et le talent qu'il déploie dans les affaires civiles.

Messieurs les jurés,

Depuis que le gouvernement actuel a inauguré son avènement par ce mot célèbre : « *Il n'y aura plus de procès à la presse,* » on en a fait beaucoup et de bien des sortes, vous le savez, pourtant, je ne crois pas qu'il s'en soit rencontré un si misérable, si inexplicable devant le bon sens et devant la loi ; malgré tous ses efforts, ses colères et ses indignations, le ministère public n'a pu le grandir, parcequ'il n'est pas donné à l'homme, fût-il procureur général, de faire quelque chose de rien.

De quoi donc s'agit-il ?

De deux articles, dont l'un n'est que la citation d'un souvenir historique, dont l'autre n'est que l'expression d'un sentiment généreux sorti du sein de toutes les opinions honnêtes et indépendantes à la vue d'une des plus hautes inconvénances et d'un des actes les plus blamables qu'un gouvernement puisse commettre dans un pays généreux comme le nôtre.

Avant tout constatons le fait qui a inspiré le premier article.

Il y a aujourd'hui plus de soixante ans, en 1782, l'historien Anquetil, dans un de ses ouvrages les plus connus, intitulé l'*Intrigue de Cabinet*, a fait un récit plein de détails les plus curieux de la rentrée du jeune Roi Louis XIV dans Paris, après ces misérables guerres de la Fronde qui l'en avaient fait sortir. C'est le 21 octobre 1652, vous le savez, qu'a eu lieu ce mémorable événement. Eh bien ! le 21 octobre 1843, un écrivain distingué du journal la *France*, l'auteur de l'*Histoire des Six Restaurations*, copia textuellement dans Anquetil le récit de la rentrée de Louis XIV, en le faisant précéder de quelques réflexions et de quelques rapprochemens relatifs à la situation de M. le duc de Bordeaux, forcé aussi de quitter Paris en 1830, par suite d'autres barricades. Voilà ce qui est devenu le texte de l'accusation ; c'est ce souvenir historique, c'est cette éphéméride inoffensive, comme en donnent tous les jours les almanachs, qui a ému à ce point les terreurs du gouvernement sur son existence, qu'il a fait traduire ce journal en cour d'assises, et qu'il requiert contre lui des condamnations terribles.

Vous avez voulu, nous dit-on, donner un modèle, un programme de restauration à faire au profit de M. le duc de Bordeaux ; vous avez donc 1° provoqué ainsi au renversement du gouvernement actuel, 2° vous avez fait un acte d'adhésion à une autre forme de gouvernement, 3° enfin vous avez émis par là le vœu et l'espérance du retour de la dynastie déchue ; les lois de septembre vous sont applicables dans toute leur rigueur.

Supposons d'abord que l'intention du journal ait été en effet de donner un modèle, un programme de la restauration de Henri V, et qu'il ait provoqué à l'accomplissement d'une restauration semblable à celle qui suivit la Fronde, qu'enfin il ait prédit, si ce prince rentrait en France, un siècle comme celui de Louis XIV, il faut pourtant convenir que ce ne serait pas, à le considérer en lui-même, et indépendamment des lois de septembre, un vœu trop anti-national. Amusons-nous à le réaliser en imagination, voyons quelques-unes de ses conséquences principales, et ce que nous aurions à la place de ce que nous avons. D'abord nous n'aurions pas la paix à tout prix, mais à la tête des armées on verrait Condé, Turenne, Vendôme ; dans les lettres, nous aurions Corneille, Racine, Molière à la place du drame moderne ; et pour remplir à peu près tous les ministères, le grand Colbert tout seul, au lieu de M. Guizot et des autres.

Est-ce que tout cela serait de si grandes calamités nationales ?

Ainsi le vœu de l'écrivain, s'il a existé, ce n'est pas un vœu impie et dont on puisse lui demander compte comme celui d'un mauvais citoyen.

Mais revenons à la question légale et demandons si un jeu d'esprit, si une fantaisie d'imagination, un rêve ingénieux peut constituer un délit punissable.

Au dessus de toutes les accusations du ministère public il y a cette question à faire pour savoir s'il y a délit punissable, l'article du 21 octobre a-t-il pu faire courir au gouvernement, au nom duquel on le poursuit, un danger quelconque. Car enfin on ne punit pas ou du moins on ne doit pas punir un fait inoffensif; il faut un intérêt, un grand intérêt public pour motiver l'action de la justice criminelle, puisqu'il faut un intérêt pour motiver le plus petit procès d'un individu.

Eh bien! le 21 octobre dernier qu'est-il arrivé; avez-vous ouï dire qu'il s'était passé dans Paris, par suite de l'article du journal *la France*, un événement semblable à celui du 21 octobre 1652.

Ceux qui sont allés ce jour-là à Notre-Dame, ont-ils vu comme dans le récit d'Anquetil, *le clergé sortir croix et bannière en tête* pour aller au devant du roi légitime? Ceux qui ont été aux Tuileries ont-ils vu *des princes du sang comme Gaston d'Orléans,* tous ceux enfin qui se sont promenés dans la capitale ont-ils vu les *corps des marchands,* les *bourgeois* aller se mêler au cortége, *les colonels de-quar- tier, le parlement même, la cohue des enquêtes, ou si vous voulez la Chambre des Pairs, la Chambre des Députés;* tout le monde enfin courir à ce grand événement, abjurer les vertiges de la Fronde et les faire oublier au roi par leurs hommages et leurs acclamations.

Non, a dit lui-même M. l'avocat-général, je le reconnais, aucun mouvement comme celui du 21 octobre 1652 ne s'est manifesté dans Paris le 21 octobre dernier par suite de l'article du journal *la France,* la provocation n'a pas été suivie d'effet, et il s'est écrié, dans un mouvement oratoire qui a saisi tous nos esprits : « Vous êtes bien heureux qu'un mou- « vement semblable ne soit pas arrivé; car s'il était arrivé, « s'il ayait réussi, au lieu d'un délit de simple provocation, « ce serait pour un crime d'attentat que nous vous pour- « suivrions et que nous demanderions contre vous des « peines terribles. »

En même temps, vous vous en souvenez, MM. les jurés, M. l'avocat-général, ajoutant la puissance du geste à celle de la voix, nous figurait et nous désignait cet instrument de mort si connu des royalistes dans les temps de révolutions!

Et moi, Messieurs, tout en admirant l'éloquence, en frémissant de la menace, je ne pouvais m'empêcher de sourire de l'ingénuité de l'orateur!

Quoi! Monsieur l'avocat-général, si un événement pareil à celui du 21 octobre 1652 était arrivé le 21 octobre 1843, pendant que *tout le clergé, tous les princes, tous les bour- geois, tous les soldats, toutes les autorités, les tribunaux, la cour comprise,* seraient allés au devant du roi pour lui jurer foi et hommage, vous, vous seul, tenace comme l'homme d'Horace sur les ruines de la Fronde, vous seriez ici à faire des réquisitoires pour demander la tête du gérant de *la France!* Cela pourrait être beau ; mais je crains, que ce genre de sublime ne soit un peu de celui qui touche de si près au ridicule.

Mais sortons de toute cette puérile discussion, dont il faut seulement recueillir cet aveu, l'article a été sans danger ; les événemens qu'il provoquait ne pouvaient pas s'accomplir par ce moyen. On ne fait pas des restaurations en racontant les anciennes, c'est un travail plus rude, pas plus qu'on ne ressuscite les hommes en faisant leur portrait.

Figurez-vous par exemple un journal buonapartiste citant, le 20 mars 1844, le retour de l'île d'Elbe dans tous ses détails, les cinq cents grenadiers de la vieille garde embarqués sur un brick, le débarquement au golfe Juan l'enlèvement des régimens sur la route, et l'aigle volant de clocher en clocher jusqu'à Paris, est-ce que vous croyez que le rétablissement du trône impérial en sera plus facile l'année prochaine ? Il n'y a pas de résurrection pour les événemens et pour les empires ; ils ne se reproduisent jamais dans le cours des siècles ; chacun d'eux a ses propres difficultés à naître et à durer, les exemples des autres n'y font rien.

Ainsi l'accusation est sans portée ; ce qu'on vous a dit, ce sont des paroles vaines et perdues, c'est le réquisitoire tombé dans l'enfantillage.

Passons au second article.

Quels événemens l'ont provoqué ?

Depuis un an les voyages des princes actuellement régnant en Europe sont devenus très fréquens. Mais c'est l'Angleterre qui a inventé dans ces derniers temps ce qu'on pourrait appeler le voyage princier à l'usage de la politique ministérielle.

Voici dans quelles circonstances : un jour O'Connell, ce grand citoyen, cet homme qui fait honneur à l'humanité par la manière dont il défend la plus juste, la plus sainte des causes, avait dit aux cent mille Irlandais qui formaient un de ses meetings : « Ne craignez pas que le ministère anglais ose vous réduire par la violence et par la force, ce « serait la guerre, vous êtes assez forts pour la soutenir ; « et au besoin, il y a des gouvernemens qui ne le souffriraient pas, le gouvernement de Louis-Philippe, par exemple ! »

Ce bon O'Connell, comme il a été ingénu ce jour-là, comme il connaissait peu son Paris.

Quoi qu'il en soit, ces paroles du grand agitateur mirent en émoi le ministère anglais, et il chercha le moyen d'ôter à l'Irlande l'idée qu'elle trouverait dans ceux qui nous gouvernent sympathie pour ses malheurs, et, au besoin, quelque obstacle à son extermination, il voulut la convaincre qu'elle n'avait rien à espérer que d'elle-même.

De tous les moyens propres à opérer cette conviction, voici ce que le génie du ministère anglais crut trouver de mieux :

Envoyer la reine Victoria au château d'Eu recevoir une affectueuse accolade du gouvernement français, en faire grand bruit dans les journaux ministériels des deux pays, montrer avec ostentation ce baiser fraternel des deux gouvernemens et crier bien haut à l'Irlande : Vois comme nous fraternisons avec ceux que tu crois tes partisans et tes amis ; *sois sage*, car ils nous laisseront faire, souviens-toi de la Pologne.

Les choses se passèrent ainsi, la reine Victoria est venue l'embrassement a eu lieu ; des fêtes l'ont suivie, on a couru des bordées en yacht royal, une feuillée dans le parc à été donnée, un fromage monstre, l'ale et le porter anglais ont été offerts, et après cette amitié jurée avec tant d'éclat, la reine est retournée vers ceux qui l'avaient envoyée ; la raison ministérielle de cette pérégrination était satisfaite, voilà comment fut inventé le voyage princier à l'usage de la politique.

Vous savez combien tous les produits anglais sont en faveur chez nous, surtout auprès de nos ministres de plus en plus atteint d'anglomanie, ils ne pouvaient manquer d'importer bientôt chez nous la découverte et de chercher l'occasion d'en faire l'application à leur tour ; cette occasion ne tarda pas à se présenter.

Au commencement d'octobre les journaux étrangers annoncèrent les premiers que M. le duc de Bordeaux allait voyager dans le nord de l'Allemagne pour y continuer ses observations, et employer utilement dans l'étude des mœurs des peuples ces tristes loisirs de l'exil ; on annonçait en même temps tous les empressemens qui l'attendaient à la cour de Prusse, l'accueil qui serait fait à sa personne, les hommages qui seraient rendus à la grandeur de sa naissance et à son rang. Du reste, il était parfaitement expliqué que ces explorations n'avaient rien de politique, et que surtout elles ne contenaient aucun projet, aucune tentative contre la dynastie de Louis-Philippe.

Rien donc, Messieurs, de plus inoffensif que ce voyage, rien de moins capable d'éveiller dans notre gouvernement de réelles appréhensions. Cependant, Messieurs, voilà que l'image de ce voyage de cette hospitalité l'agite, trouble son sommeil, et que ne pouvant pas empêcher à Henri de France de parcourir l'Allemagne, il rêve au moyen de chercher à neutraliser les impressions qu'il ne manquera pas de produire, par des impressions dynastiques ; c'est alors qu'il conçut la pensée malheureuse de choisir M. le duc de Nemours pour cette opération !

Aussitôt que cette décision fut prise dans le conseil des ministres, tous les journaux qui reçoivent ses épanchemens et ses subventions annoncèrent unanimement et en chœur la nouvelle officielle du projet de voyage de M. le duc de Nemours à Berlin et des bonnes réceptions qu'on espérait pour lui ; afin de faire dire à l'opinion publique : « La Prusse aussi nous fait politesse. »

Voilà Messieurs la grande politique qu'on fait dans le conseil de nos hommes d'état !

Ce n'est pas tout :

Pendant ce temps là, Henri de France avait achevé son excursion d'Allemagne, on avait raconté l'effet produit sur tous ceux qui avaient eu l'honneur de l'approcher, par la dignité et l'affabilité de ses manières, la gravité de ses habitudes, la distinction de sa conversation, et ce je ne sais quel charme que donne surtout à un prince la jeunesse, la beauté et le malheur ; ces succès avaient redoublé les émotions ministérielles, et quand il fut annoncé que le prince quittait la Prusse pour aller en Ecosse, continuer ses explorations, peut-être aussi voir de là les côtes de France, si chères à un proscrit, et que de là il se rendrait en Angleterre, alors le ministère résolut d'y envoyer bien vite M. le duc et Mme la duchesse de Nemours aux mêmes fins qu'on avait décidé leur voyage en Prusse. Cette seconde mission de si mauvais goût accrut encore dans toutes les opinions honorables l'étonnement et la répulsion que la première avait soulevé ; beaucoup de partisans du gouvernement, tous ceux qui n'ont pas pour lui des dévouemens payés et *quand même* partagèrent la sévérité de ces jugemens.

Ce fut un blâme universel.

Eh bien, je vous le demande, Messieurs au milieu de ce concert unanime d'improbation le journal la *France* avec sa couleur, ses opinions, ses affections, pouvait-il garder le silence ? Il a donc aussi parlé ; de là l'article du 3 novembre qui vous est déféré comme coupable d'offense envers le duc de Nemours et de cinq ou six autres délits dont le plus spécieux serait l'excitation à la haine et au mépris du gouvernement de juillet. Examinons :

Messieurs, j'éprouve en entrant dans cette discussion un sentiment de bien-être qu'on n'éprouve guère ordinairement dans les affaires de journaux, cela vient de ce que, selon moi, il s'agit ici d'une question neutre qui se dégage de toutes passions politiques, de tout esprit de parti. Je n'en viens pas traiter d'autres. Ainsi je n'ai point à combattre d'abord aucune de ces préventions qui se glissent dans les âmes les plus honnêtes quand elles ont à juger des adversaires politiques. Je ne sais pas quelles sont vos opinions ; peu m'importe dans un pareil procès.

A-t-on pu dire sans se rendre coupable que le ministère est blâmable au plus haut degré pour avoir voulu envoyer M. le duc et Madame la duchesse de Nemours faire en Angleterre à l'égard de Henri de France l'office que vous savez ? Voilà toute la question, l'article entier, son esprit ; ses trois colonnes, ne développent pas autre chose. Pour la résoudre, cette question, interrogeons avant la loi, la conscience publique universelle, ce que tout homme qui n'a dépravé son sens moral doit éprouver ; n'est-il pas vrai qu'envoyer derrière un proscrit dont on occupe l'héritage par des événemens que je n'ai point à juger ici, le poursuivre sur la terre d'exil, marcher derrière lui pour effacer sa trace et lui disputer sa place au triste soleil de l'étranger, c'est là une mauvaise action en soi et qui froisse dans ce qu'il a de plus noble et de plus délicat le sentiment national, le caractère français, si grand, si généreux, si hospitalier.

Remarquez-le bien, Messieurs, le ministère ici est sans excuses, sans circonstances atténuantes, car il ne peut pas même alléguer dans les explorations studieuses de M. le duc de Bordeaux rien qui ressemble à une provocation quelconque. M. l'avocat général lui-même est convenu et a répété que ces explorations sont inoffensives. Le journal la *France* l'a dit et répété aussi dans des termes que M. l'avocat-général a eu l'habileté de taire, et qu'il est de mon devoir de rappeler ; les voici :

« S'il faut en croire les bruits qui circulent, Londres va bientôt offrir un spectacle curieux. Ce n'est point le passé qui va y reparaître ; c'est l'avenir, l'avenir de la France qui va se montrer sous deux formes différentes. En effet, on sait que Monseigneur le duc de Bordeaux doit arriver pour la mi-novembre. D'autre part, on assure que M. le duc et Mme la duchesse de Nemours vont se remettre en route pour la même destination.

« On conçoit que Monseigneur le duc de Bordeaux vienne à Londres, puisqu'il est depuis longtemps en Angleterre, puisque, grâce aux lois de proscription du libéralisme triomphant, il ne peut voir la France que des côtes des Iles britanniques.

» Mais que M. et Madame la duchesse de Nemours, après avoir voyagé tout l'été, après avoir parcouru l'ouest et l'est de la France, après avoir visité les deux mers, l'Océan et la Méditerranée, après être à peine remis des fatigues, des orages et des ennuis qu'ils y ont essuyés, quittent les douceurs de Paris et remettent à la voile pour aller essuyer les brouillards de la Tamise, c'est ce qu'on a peine à comprendre, c'est ce qu'on ne saurait expliquer.

« Ne pourriez-vous donc laisser reposer un instant ces deux jeunes époux ? N'est ce pas assez de les avoir promenés du camp du Thélin aux fortifications de Lyon et de Lokmariaker aux Bouches-du-Rhône ? Ne les a-t-on unis que pour en faire un couple errant et en quelque sorte des commis-voyageurs politiques ? (On rit.) Néanmoins un voyage et même deux de ce genre en France se conçoivent mais à quoi bon courir en Angleterre à travers la bise et la brume, puisque la reine Victoria sort de chez nous ? On pouvait, ce nous semble, attendre les beaux jours, à moins que des raisons graves ne s'y opposassent.

» Mais quelles seraient ces raisons ? Ce ne peut être la révision des traités du droit de visite ou autres griefs qui nous mettent vis à vis de l'Angleterre dans une position pénible et indigne de nous. Non, ce n'est point pour demander la franchise des mers, la délivrance de l'Irlande et de l'Orient : nous ne demandons plus rien de ce genre, et la France de juillet ne veut ou ne peut plus rien pour sa propre dignité, pour le redressement des torts ou pour le soulagement des peuples.

» Serait-ce pour présenter ses hommages à son jeune et auguste cousin, comme il allait les lui présenter autrefois aux Tuileries, qui étaient à lui alors et où il devait régner un jour? On pourrait le croire, si, comme on l'a dit quelquefois, M. le duc de Nemours a réellement des sentimens dignes d'un prince bien né, pour celui qu'il ne refusait pas de reconnaître autrefois pour son seigneur et maître.

» Mais, en supposant (ce que nous aimerions à croire) que M. le duc de Nemours fût assez noble pour être encore pénétré des mêmes sentimens envers Monseigneur le duc de Bordeaux, lui serait-il permis de céder à ces beaux sentimens? D'en haut ou d'en bas, ne lui viendrait-il pas ordre de les réprimer ou même d'agir en sens contraire?

• En effet, un ministère aux abois, un système qui fait arme de tout, excepté de ce qui est noble et juste, ne doit, sauf erreur, envoyer un représentant extraordinaire à Londres, dans les circonstances actuelles, que dans des vues peu dignes et pour de honteux intérêts. C'est, ce nous semble, avoir trop peu d'égards pour M. le duc de Nemours ; ce n'est point ménager assez la délicatesse d'un jeune prince qui connaît les convenances, et dans qui la voix du sang et du devoir n'est peut-être pas encore complètement éteinte, que de lui imposer une pareille corvée.

En effet, que veut le ministère en envoyant M. le duc de Nemours à Londres? est-ce pour éclipser par son luxe le jeune Henri de France, et pour sanctionner par sa présence l'oppression de l'Irlande et la condamnation d'O'Connell, si elle a lieu? Pour l'une et l'autre, peut-être? Mais, dans ce cas, jusqu'où le fait-on descendre, et quel rôle lui fait-on jouer? Pauvre prince, pauvre politique! Un jeune homme du sang royal sera envoyé à Londres, comme un exempt, pour aider à l'enchaînement d'un peuple qu'il devrait secourir et de son libérateur qu'il devrait protéger!

» Mais, diront les ministres, si le prince en souffre quelque peu dans sa délicatesse et dans sa générosité, les Anglais nous en sauront gré et nous le rendront au besoin. Illusion! les Anglais vous en mépriseront; ils vous laisseront dans l'embarras quand vous y serez, et ils ne croient pas plus avoir besoin de vous pour contenir l'Irlande que le czar pour contenir la Pologne; il est donc probable que, de ce côté, le ministère en sera encore pour ses frais et pour sa courte honte... »

Puis l'article, ajoute, et c'est ce que M. l'avocat-général n'a pas à dessein compris dans ses citations :

«Voilà pourquoi Henri de France passe à Londres; avant de reprendre la mer et de retourner en Allemagne auprès de ses augustes parens, dont il est la consolation. Il n'y a dans ce voyage, dans cette excursion d'études politiques du jeune prince, rien autre chose que son mérité et sa dignité personnels qui rappellent l'élévation de son rang. Il ne se pose point en prince, il n'a d'autre nom que celui d'un des seuls domaines qui lui restent dans cette France que ses aïeux ont formée, dont ils ont fait la puissance et la gloire, d'un domaine qu'il tient de l'amour des Français ; ce n'est point Bourbon, ce n'est point Henri V qu'on l'appelle, c'est tout simplement le comte de Chambord. Les honneurs qu'on pourra lui rendre en terre étrangère, il les recevra comme sa courtoisie chevaleresque le lui commande, mais il ne les recherchera point. Il demande au sol anglais une hospitalité passagère, mais non ses pompes et ses grandeurs. Laissez donc passer le jeune voyageur, laissez le reposer en paix dans l'hôtellerie de la route, et dans celle de Londres, où il rencontrera quelques amis fidèles.

» Voilà tous ses projets. Qu'y a-t-il à combattre et à éclipser en tout cela ? Éclipser la modestie, c'est difficile ; persécuter l'infortune, ce serait odieux. Voilà cependant la tâche que l'on voudrait, assure-t-on, imposer à un jeune prince fait pour un rôle meilleur. Vous le ferez accompagner d'*amés et féaux* satellites tout étincelans d'or ; vous le chargerez de toutes les pompes du trône, de toutes les splendeurs du budget ; vous le placerez à la cour pour en obstruer les issues qui ne seront point assiégées ; enfin, vous essaierez d'écraser la simplicité de l'exil par le luxe insolent des pavés de juillet ; voilà le seul triomphe que vous puissiez avoir, si tant est que vous triomphiez.

» En effet, quoiqu'il se soit fait trop souvent notre ennemi, il faut l'avouer, le peuple anglais est grand, et, comme tout ce qui est grand, il a quelque chose de noble et de généreux, et quand il verra ce grand faste en présence de cette grande simplicité, cette puissance d'un jour en face du jeune représentant d'une puissance de dix siècles, cet orgueil du bonheur en face de cet intérêt de l'exil, que voulez-vous qu'il sente, et quelles réflexions voulez-vous qu'il fasse ? Croyez-vous qu'il soit du côté de la prospérité ? Croyez-vous qu'il ne sera même pas sévère pour cette prospérité qui vient poursuivre l'infortune et l'opprimé jusqu'en exil, jusque sur la terre étrangère, son seul refuge ? Si vous pensez ainsi, je vous plains, car le sens moral vous manque, et vous méconnaissez tout ce qu'il y a de délicatesse innée dans la nature humaine et dans l'opinion d'un grand peuple.

» On voit donc qu'en essayant de nuire au comte de Chambord, on le sert. M. le duc de Nemours, que des ministres maladroits compromettent ainsi, a trop de tact pour ne pas comprendre pour qui sera l'intérêt dans cette circonstance ; il sentira que si celui qui vient du sein de l'opulence et de la prospérité peut éblouir, il doit intéresser beaucoup moins que celui qui vient de l'exil et qui voyage, ayant pour compagnon le malheur qu'il n'a point mérité.

L'un, se dira-t-on, revient du beau pays et des grands palais de France ; l'autre, dont des aïeux ont fait bâtir ces palais, peut à peine passer en vue de cette même France qui lui a donné le jour, qui lui promettait un trône ! »

D'après tout cela, Messieurs, la mission donnée au duc de Nemours par les ministres n'est donc pas excusable, puisque M. le duc de Bordeaux ne va pas leur disputer les faveurs du gouvernement anglais ; parcequ'il sait bien que nous ne sommes plus au temps où le Prince Noir servait à table la tête nue notre roi Jean, prisonnier.

Toutefois, Messieurs, ce qui m'étonne c'est qu'on ait persisté à employer M. le duc de Nemours à une telle œuvre après un exemple de famille que je vais rappeler. En 1835, M. le duc d'Orléans cherchait en Allemagne une union qui s'est enfin rencontrée. Arrivé auprès de la ville de Prague, il apprend que Charles X venait de s'y rendre ; aussitôt, averti par un sentiment de convenance et de bon goût que je me plais à applaudir, il se détourne de sa route pour ne pas s'exposer à blesser par sa présence le respect dû au vieux roi et à son infortune.

M'arrêterai-je, à présent que le fond de cet article est non seulement justifié, mais que j'ai prouvé qu'il ne contient pas autre chose qu'un sentiment que vous partagez tous, m'arrêterai-je à quelques mots plus ou moins énergiques que le ministère public a mis en relief avec une habileté qui sera sans succès, j'en suis sûr, messieurs ; quand les choses sont innocentes, qu'importent donc les mots ? tant mieux s'ils sont énergiques et pittoresques, ils feront pénétrer davantage une bonne pensée. Toutefois il y a un de ces mots dont la critique m'étonne profondément dans la bouche d'un organe du gouvernement actuel ; l'écrivain a dit qu'il est regrettable de voir le ministère faire de M. le duc et de Mme la duchesse de Nemours les *commis voyageurs* de sa politique, et ce nom de *commis-voyageur* a été répété avec indignation comme le dernier degré de l'injure et du dédain. Mais d'abord l'injure, si elle existait, le ministère seul en serait atteint ; car c'est lui le commettant. Le prince ne fait qu'obéir à des ordres ; plus ces ordres doivent lui être répugnans, plus son obéissance est méritoire, plus il est à plaindre : c'est ce que l'article a dit en plus d'un endroit. Ainsi l'appellation de *commis-voyageur* ne le frappe pas. Mais ensuite, légalement parlant, pour qu'un mot soit injurieux, il faut qu'il signifie quelque chose d'offensant en lui-même ; et est-ce que la profession de commis-voyageur est de cette nature ? est-ce qu'elle a quelque chose de vil, de bas, de flétrissant ? est-ce que plus d'un d'entre vous ne s'en sont pas honorés ? les plus grandes notabilités du commerce et de l'industrie n'ont-elles pas commencé par l'exercer, et n'y a-t-il pas de quoi être stupéfait de voir ces dédains et cette superbe pour le commerce et ses plus utiles agens quand on demande vengeance au nom de princes qui doivent tout à la bourgeoisie ?

Ainsi, pas d'offense envers M. le duc de Nemours, qu'on n'a jamais cité dans toute cette affaire que comme un instrument malheureux du ministère. Encore une fois relisez l'article : je ne crains pas cette épreuve ; je la provoque. Dans quatre passages différens on parle de la violence que les ministres font certainement à M. le duc de Nemours, de la *corvée* qu'ils lui imposent ; on fait enfin du duc un martyr des projets ministériels, et rien de plus. Pourquoi l'article incriminé a-t-il parlé de M. le duc de Nemours avec bienveillance ? Le voici : c'est parceque d'abord il avait lui-même donné naguère une preuve éclatante de convenance et de bon goût qui montrait à quel degré il en possédait le sentiment. Je veux parler de son discours dans le Morbihan. Vous vous souvenez de l'hommage qu'il sut rendre hautement à la foi antique, à la fidélité incorruptible, aux dévouemens héroïques des populations de la Bretagne. Certes, Messieurs, ces paroles firent d'autant plus d'honneur au prince qu'elles pouvaient paraître plus extraordinaires dans sa position.

C'est pour cela que je finis à mon tour sur ce qui regarde le prince en disant que, s'il était permis de l'interroger, il y a lieu de croire qu'il répondrait : « Je me trouverais plus à ma place sur la brèche de Constantine qu'en Angleterre pour un pareil emploi. »

Reste maintenant à prouver, que le ministère, rudement traité, je l'avoue, dans l'article, n'a pas droit non plus à aucune condamnation contre l'écrivain ; c'est pourtant ce qu'on cherche à obtenir de vous par l'accusation banale du délit *d'excitation à la haine et au mépris du gouvernement.*

Et d'abord, entendons-nous bien et distinguons ce qu'on veut confondre. La loi qui punit l'excitation à la haine et au mépris du gouvernement n'a pas eu pour but de protéger le ministère ; le gouvernement et le ministère, c'est chose parfaitement distincte dans le langage constitutionnel et judiciaire, et il y a longtemps que la justice a proscrit pour la première fois cette prétention étrange des ministres de s'abriter sous une loi qui n'avait pas été faite pour les protéger. Le ministère et tous ses actes politiques sont justiciables de l'opinion sans réserve et sans limites. Il est pour cela taillable et corvéable à merci et miséricorde. Le droit de censure, tant qu'il ne s'attaque pas à la personne des ministres, mais seulement à leurs actes officiels, ne reconnaît de bornes que le bon goût ou la pudeur de l'écrivain ; cela est élémentaire en droit constitutionnel.

Ainsi, Messieurs, voilà le marché à forfait que font les ministres quand on leur donne ou qu'ils prennent le pouvoir. On leur dit :

Vous, gens qui, la plupart du temps, n'étiez pas nés pour ces grandeurs, vous habiterez des palais dorés, vous aurez de magnifiques traitemens, vous remuerez des millions, vous, vos parens, vos créatures, vous serez les premiers convives au festin des places et du budget, mais à une contion, c'est que vous supporterez les cris de l'opinion publique et même ses injustices; voulez-vous accepter?

Il faut que la place soit bonne à ce *banc de douleurs*, car on ne la refuse guère, et quand on veut la leur ôter, que de ministres s'y cramponnent pour y rester!

Maintenant qu'en droit les principes sont rappelés et qu'en fait l'écrivain n'est cité que sur la prévention d'excitation à la haine et au mépris du gouvernement, il devient évident que l'article n'est pas coupable, puisque le mot de gouvernement n'y est pas même prononcé une fois, et qu'on n'a attaqué que les ministres et un de leurs actes politiques.

Je ne fais qu'indiquer les autres chefs d'accusation; ils n'ont pas même une apparence d'application.

D'abord le délit *d'adhésion à une autre forme de gouvernement* que celui qui nous régit. Où y a-t-il dans l'article une *adhésion* de cette nature? Quelle profession de foi et hommage peut-on y découvrir? En second lieu, le délit d'*attaque* aux droits que Louis-Philippe tient de la déclaration du 7 août et de la charte constitutionnelle est tout aussi impalpable; reste donc le délit de vœu et *d'espérance du renversement de la dynastie actuelle et de la restauration de la famille déchue.*

Lisez, lisez encore, pas un mot, pas une ligne ne produit ce vœu et cette espérance. Si on a parlé des *deux avenirs* qui s'agitent pour la France, entre ce qui triomphe aujourd'hui et ce qui a été renversé, c'est pour poser les termes du problème politique de notre époque et constater simplement l'état et les élémens de la question; quant à moi, je trouve que l'écrivain n'a pas même été assez loin; car à ces *deux avenirs*, dignes de préoccuper tous ceux qui s'intéressent aux destinées du pays, il aurait dû évidemment en ajouter un troisième, la république, qui est aussi un des termes du problème. Constater des éventualités, ce n'est pas exprimer un vœu ni une espérance; il ne s'agit pas ici, remarquez-le bien, du fond des cœurs et de ce qu'ils recèlent, il est clair que tous les partis forment des vœux et ont une espérance autrement ils s'abdiqueraient et auraient perdu leur raison d'être. Ainsi, on n'a pas le droit de rechercher la pensée intime du journal, mais uniquement s'il y a eu manifestation publique. Dieu merci, la liberté de conscience, cette libre respiration des âmes, n'est pas encore perdue.

Au surplus, toute la portée de l'article à l'égard du délit de vœu et d'espérance se résume magnifiquement dans cette citation qui le termine :

« Quel que soit le conseil de Dieu, nous dit M. de Châteaubriand dans un de ses ouvrages politiques les plus célèbres, il restera au candidat de ma tendre et pieuse fidélité une majesté des âges que les hommes ne lui peuvent ravir. Mille ans noués à sa jeune tête le pareront toujours d'une pompe au-dessus de celle de tous les monarques. Si dans la condition privée il porte bien ce diadème de jours, de souvenirs et de gloire ; si sa main soulève sans effort ce sceptre du temps que lui ont légué ses aïeux, quel empire pourrait-il regretter? Dans la transformation sociale qui s'opère, le duc de Bordeaux ne serait peut-être rien sur le trône : hors du trône, le trentième descendant de Hughes Capet, l'héritier de Philippe-Auguste, de saint Louis, de Charles V, de Louis XII, de François Ier, de Henri IV, de Louis XIV et de Louis XVI, est le roi des siècles, le passé couronné vivant au milieu de l'avenir. »

« Ces admirables paroles qui viennent d'exciter dans vos âmes de si vives émotions résument, messieurs, la pensée tout entière de l'article et l'esprit qui l'a dicté. Où est donc la violation de vos lois dans ces accens du génie? Vous avez proscrit par votre législation, vous avez puni les vœux et les espérances, je le sais. L'espérance! cette pierre froide sur laquelle venait s'asseoir autrefois les vaincus en attendant des jours meilleurs, vous la leur avez arrachée. C'est un crime d'espérer, soit; mais enfin, il n'y a ici ni vœu ni espérance exprimée. Henri V est appelé le *roi des siècles écoulés*, le *passé couronné;* pour l'avenir, on s'en remet à la garde de Dieu. Qu'y a-t-il donc là? Une résignation sainte, une humble prosternation devant les décrets du ciel. Quant au bras de l'homme, en ne l'invoque pas contre vous.

Oh! je comprends ce sublime découragement de la puissance de l'homme; je comprends cet abandon absolu à la Providence en présence de toutes ces révolutions qui épouvantent l'âge présent. Jamais la terre n'a autant tremblé.

Ah! Messieurs, qu'est-ce donc que les rois depuis cinquante ans? de misérables jouets sous la main de Dieu, même ceux qui n'ont pas demandé à régner, que le droit héréditaire a appelés malgré eux, et qui semblait avoir mérité qu'il leur fût fait davantage miséricorde; ils n'ont trouvé ni grâce ni pitié. Voyez comment ils sont frappés, précipités sans relâche. Dieu les jette du trône à l'échafaud, du trône à l'exil, le poignard et le poison achèvent le reste, et les enfans même ne sont pas épargnés!

Les voyez-vous, toutes ces ombres royales moisonnées depuis cinquante ans; il n'y en a presque pas une qui ne soit ensevelie dans un linceul sanglant.

Voilà quelles conditions, au temps où nous sommes, la Providence inflige aux couronnes héréditaires. O vous dont elles troublent les jours et tourmentent les nuits, croyez bien que les plus ambitieux de les posséder ce ne sont pas ceux qui les portent ou à qui on les a arrachées.

Je ne parle pas des autres couronnes, de celle qu'on prend ou qu'on vous jette; ceux qui les possèdent ont voulu leur sort, mais vous savez aussi de quelles pointes aiguës elles sont armées!

Eh bien! c'est devant toutes ces grandes catastrophes que l'écrivain religieux s'est agenouillé et qu'il a remis à celui par qui les rois règnent l'avenir de la monarchie.

Messieurs, vous ne déclarerez pas que la prière est un délit, et la résignation un crime.

Malgré cette éclatante plaidoirie, M. Nouguier, conseillé sans doute durant la suspension de l'audience, a voulu répliquer en ces termes :

« Nous ne vous présenterons que de courtes observations en réponse aux argumens du défenseur. Mais nous voulons d'abord dégager la cause des considérations qu'il a émises. Le défenseur a dit qu'en prononçant un verdict de non culpabilité, nous acquitterons un homme d'honneur qui n'a pas eu d'intention coupable. A cela, Messieurs, je répondrai que six arrêts ont déjà condamné *la France*, et que si vous vous mépreniez sur ses intentions, demain on se relèverait de toute la hauteur dont on descend aujourd'hui ; demain on entonnerait des chants de victoire, et vous auriez consacré en quelque sorte les doctrines de *la France*.

Maintenant le défenseur a dit que selon moi il ne serait plus permis de citer l'histoire ; que l'histoire n'aurait plus ses immunités ; en cela il m'a mal compris, car en l'interrompant tout à l'heure j'ai voulu préciser ma pensée. Ce que j'ai dit, c'est qu'en citant l'histoire on pouvait l'approprier à des passions politiques. D'ailleurs la prévention n'est pas dans la citation d'Anquetil, mais dans la reproduction d'un passage de l'*Histoire des six Restaurations* publiée par M. Frédéric Dollé. Devant M. le juge d'instruction, M. Dollé a dit que son livre n'avait pas été poursuivi ; en est-il moins coupable ? Il a pu au surplus passer inaperçu au ministère public, ou bien le ministère public, usant de générosité, n'a pas cru devoir le poursuivre. Enfin le délit n'est pas dans le livre, mais dans la publication d'un de ses passages dans un journal quotidien, passage rajeuni par l'auteur en le faisant coïncider avec la situation du duc de Bordeaux, dont le nom n'est pas prononcé dans l'*Histoire des six Restaurations*.

M. FRÉDÉRIC DOLLÉ. Le nom de Mgr le duc de Bordeaux est cité dans mon livre.

M. LE PRÉSIDENT. Vous ne pouvez interrompre M. l'avocat général,

M. DOLLÉ. Pardon, mais M. l'avocat général a interrompu mon défenseur, et j'ai cru avoir aussi le droit de le faire.

M. LE PRÉSIDENT. Personne n'a ce droit.

M. DOLLÉ. Je voulais seulement rectifier une assertion de M. l'avocat général.

M. L'AVOCAT GÉNÉRAL. Je sais que vous n'avez pas nommé le duc de Bordeaux dans votre ouvrage ; vous l'avez seulement nommé dans une note.

Mais, continue le ministère public, on dit que la publication de *la France* n'est pas contagieuse, qu'il n'y a pas eu révolution, qu'il n'y a pas eu guerre civile. Nous le savons ; si cela fût arrivé ainsi, il s'agirait ici d'une autre peine.

Seulement on a essayé de soulever des esprits qui ne demandent pas mieux que de verser le venin de leur animosité contre le gouvernement. Et si *la France* n'en a pas fait davantage, c'est le patriotisme du pays qui s'y est opposé.

Quant au deuxième article, le défenseur a été habile ; il n'a lu de l'article que ces passages que j'avais passés sous silence, et il a dit : Si ces passages ne sont pas incriminés, ce qui reste de l'article est innocent.

Il dit que ce n'est pas M. le duc de Nemours qu'on avait attaqué, mais le ministre qui avait conseillé son voyage en Angleterre. De telle sorte qu'on nous place dans cette situation de regarder M. le duc de Nemours comme un automate, ne pouvant marcher et agir que par la permission du ministère. En vérité, un débat qui rapetisse ainsi un prince ne peut se soutenir sérieusement.

M. l'avocat général se place ensuite dans la position où le ministère aurait commandé le voyage du prince, et soutient que bien qu'on puisse attaquer les actes ministériels, on ne peut pas descendre jusqu'à des personnalités. Au surplus, ajoute-t-il, cette expression de ministère est une expression élastique adoptée par la presse ennemie pour attaquer impunément le gouvernement de juillet dans sa base.

M. Nouguier termine sa réplique en présentant quelques considérations sur la citation empruntée à M. de Châteaubriand, et déclare persister dans la prévention. »

Me Fontaine, dans une improvisation chaleureuse, a pulvérisé la réplique de M. Nouguier.

On ne peut se faire une idée de l'insistance avec laquelle le ministère public a invoqué tour à tour l'intérêt et la dignité de la famille de Louis-Philippe, celui-même du jury, l'honneur national, le repos du pays, etc....., pour obtenir une condamnation sans laquelle il entrevoyait, a-t-il répété souvent, les plus grandes calamités et les plus déplorables satisfactions données publiquement au parti que représente Mgr le duc de Bordeaux. Malgré tout cela, ou peut-être à cause de toute cette véhémence si mal employée, de cet acharnement si immérité de la part du journal, le jury, après un résumé très impartial de M. le président Brisson, a prononcé par la voix ferme de son chef : *Sur toutes les questions, non l'accusé n'est pas coupable.* Un assentiment général, mais respectueux pour le sanctuaire de la justice, s'est alors manifesté, et la cour a prononcé l'acquittement de M. Frédéric Dollé, qui, avec son avocat et les rédacteurs de *la France* présens à l'audience, a recueilli de sincères et d'empressées félicitations venant des hommes de bonne foi de tous les partis.

Plusieurs individus stationnaient aux diverses issues du Palais-de-Justice, attendant sans doute un autre verdict que celui prononcé par le jury, et dont la nouvelle devait être portée aux divers ministères. Mais l'effet de la décision a été tel que les messagers ont été oubliés à leur poste, et que leur désappointement a donné lieu à des scènes fort comiques.

Le bruit a couru au palais, que si *la France* avait été condamnée par le jury on lui aurait fait application du maximum de la peine.

Il a été remarqué que des ordres sévères avaient été donnés par la police pour ne laisser pénétrer personne dans la salle d'audience après l'ouverture des débats. Ainsi, quantité de personnes, même munies de cartes, se sont vu refuser l'entrée de la salle par les gardes municipaux et sergens-de-ville placés aux diverses portes de la cour.

Arrivons maintenant à peindre l'effet produit sur les masses par ce procès et cet acquittement. Ici encore nous recourrons aux citations. Disons d'abord comment *la France*, dans son numéro du 9 novembre, appréciait son verdict :

PARIS. — 9 NOVEMBRE.

Le jury a répondu à notre attente; il a acquitté *la France*.

Nous avons déjà dit que ces deux saisies étaient incompréhensibles pour nous, et nous avouons que nous ne comprenons pas encore que le ministère public se soit fait illusion un seul instant. Il a voulu frapper un coup d'intimidation, mais l'arme était trop chargée, et elle a éclaté dans ses mains. C'est en vain qu'il a invoqué les lois de septembre et la citation directe; c'est en vain qu'il nous a dépouillés de la péremption qui nous était acquise par la loi du 26 mai 1819; c'est en vain qu'il n'a pas voulu soumettre la question de fond à la chambre du conseil, puis à celle des mises en accusation. Il a trouvé ses juridictions trop lentes ou douteuses; il nous a appelés au gré de son impatence devant les assises, au plus bref délai possible, et il n'est arrivé qu'à un résultat, celui de voir plus promptement tomber tous ses efforts et d'entendre la voix ferme du chef du jury proclamer notre innocence en son nom et au nom de ses collègues impartiaux et gens de bien et d'honneur comme lui.

On dirait que le ministère public n'a pas vécu de la vie de nos dernières années, et qu'il se croit encore aux jours où il suffisait de lancer l'anathème sur une feuille royaliste pour la faire condamner. Il ne s'est pas aperçu, il n'a pas voulu s'apercevoir que la raison publique avait marché, que l'opinion s'était éclairée, et que les royalistes, aux yeux des honnêtes gens, étaient rentrés dans le droit commun, d'où on n'aurait jamais dû les faire sortir.

Notre triomphe a été d'autant plus grand que le zèle pour obtenir un verdict de culpabilité a été plus ardent. C'est M. de Gérando qui a occupé jusqu'à hier le siège du ministère public. On l'a remplacé par M. Nouguier, et pour animer M. Nouguier, pour l'embraser d'un nouveau feu, M. le procureur général Hébert, en habit de ville, et assisté de plusieurs membres du parquet étaient là en face de l'avocat général, l'encourageant de leur présence, et cherchant par des notes et des conseils à lui fournir de nouveaux argumens. La victoire de Mᵉ Fontaine a été d'autant plus grande qu'il ne comptait que sur un adversaire, et que le parquet lui en a fourni plusieurs.

M. Nouguier a commencé par établir qu'il n'y avait plus de partis hostiles au gouvernement, mais qu'il y avait encore quelques meneurs. Dès lors, nous nous sommes étonnés de cette joie qui éclata dernièrement dans les rangs du pouvoir à propos du ralliement de M. de Cheffontaines ; pourquoi se réjouir quand les rangs sont compacts ; mais ils ne l'étaient pas, et on le vit bientôt aux récriminations qui eurent lieu quand on fut forcé de convenir que ce ralliement était isolé. Notre premier article devait frapper le jury de stupeur, et M. Nouguier en a été pour les frais de son éloquence. Le jury a dédaigné l'accusation pour faire droit à la demande de la défense.

Ce qui nous a frappés, c'est de voir quel chemin le ministère public a fait depuis treize ans, et comme il est devenu gouvernemental. La Fronde n'est pour lui qu'une misérable intrigue soulevée contre le pouvoir de Mazarin, et il n'aurait pas fallu presser beaucoup notre adversaire pour lui faire entonner un hymne de triomphe en l'honneur de la reine-régente, soutenant son autorité, et protégeant contre les révoltés le ministre que Richelieu lui avait donné, en l'indiquant à son lit de mort comme le seul homme capable de lui succéder.

M. Nouguier s'est écrié qu'il savait l'histoire aussi bien que nous, et il a pris la peine de nous prouver le contraire. Il y eut dans la Fronde des hommes qui restaient fidèles au roi, en combattant Mazarin; mais il y en avait d'autres qui avaient des projets plus étendus. M. Nouguier a cité l'ouvrage de M. de Sainte-Aulaire, et il ne l'a pas lu, car il y aurait vu qu'un manuscrit du comte de Coligny, qui existe à la Bibliothèque royale, constate que M. le prince de Condé rêva un instant la couronne de France, au détriment de Louis XIV; et si M. l'avocat-général connaissait les *Mémoires du cardinal de Retz*, et ceux de Guy-Joly, il saurait que M. de Retz ne fit sa paix avec la cour, que parcequ'on voulait le faire dévier de la fidélité qu'il devait au roi, et l'entraîner plus loin qu'il ne lui convenait d'aller.

Un fait auquel nous ne nous attendions pas, ç'a été de voir M. Nouguier présenter comme problématique le voyage de M. le duc de Nemours à Londres, ce prince devant arriver, ce soir ou demain dans la capitale de l'Angleterre, *pour mettre ses respects aux pieds de la reine Victoria*, expressions de M. l'avocat-général.

M. Nouguier était si embarrassé lui-même de ce procès, qu'il pressurait en vain notre feuille sans pouvoir en faire sortir une preuve de culpabilité. Il avait beau prendre, quitter, reprendre, retourner les articles incriminés, ces malheureux articles s'obstinaient à ne pas suer le sens que M. Nouguier cherchait à leur donner.

D'ordinaire, l'accusation pour établir la preuve donne au jury une lecture complète des articles poursuivis. Telle n'a pas été aujourd'hui la conduite de l'organe du parquet. Il voltigeait à droite et à gauche, pareil à un fourrageur, attaquant par surprise tantôt d'un côté, tantôt d'un autre, arrachant un lambeau de phrase pour s'en faire un signe de triomphe, mais n'osant entamer le corps d'armée. Or, comme tout se suit et s'enchaîne dans le développement de la pensée, il en est résulté pour le jury que l'accusation péchait par la base, puisqu'elle n'avait pas et ne pouvait tout englober dans son réquisitoire.

C'est ce que notre habile défenseur, M⁰ Fontaine, a fait ressortir avec un talent de premier ordre. Si la réputation de M⁰ Fontaine n'était pas faite, si l'on ne savait pas qu'il a à la fois les élans du cœur et ceux de l'esprit, ce procès suffirait pour le placer aux premiers rangs du barreau. Dieu merci ! il a donné assez de preuves de son habileté, pour que nous puissions le louer à notre aise, et pour que notre reconnaissance ne soit pas suspectée de flatterie. Il a constamment tenu le jury et le public sous le charme d'une plaidoirie chaleureuse et logique ; il n'a point essayé, comme son adversaire, d'entasser métaphores sur métaphores, il a pris la question droit au cœur ; il a dépouillé le réquisitoire de son style pompeux et déclamatoire, et il l'a brisé à force de talent, d'énergie, d'esprit et de bon sens. L'émotion a été grande quand, arrivé à sa péroraison, M⁰ Fontaine a terminé par un mouvement oratoire qu'il a puisé dans son cœur, et qui lui a été fourni par l'illustration si noble et si belle du caractère, des principes et du génie de M. de Châteaubriand.

A ce moment notre procès était déjà gagné ; M. Nouguier l'a senti, aussi a-t-il essayé en désespoir de cause une nouvelle tentative. C'était une charge décisive, pareille à ces charges à fond que l'on fait à la dernière heure des batailles pour ressaisir la victoire. Il rêvait un Austerlitz, il a trouvé un Waterloo. M⁰ Fontaine a de nouveau repris l'avantage, et M. Nouguier s'est retiré mutilé, criblé de blessures, et râlant l'agonie.

M⁰ Fontaine, dans sa magnifique et brûlante réplique, a bien voulu prendre la peine de venger les hommes de *la France* d'attaques que M. Nouguier n'aurait pas dû porter contre nous, et qui ne peuvent nous atteindre. Comme l'a dit M⁰ Fontaine, et nous l'en remercions vivement, nous ne sommes pas d'aventureux spéculateurs, vivant comme des corsaires du bien pris sur les autres ; nous ne sommes pas de ces chevaliers d'industrie qui créent une entreprise dont les dupes font tous les frais, et qui, après avoir exploité les bourses françaises, cherchent à puiser dans les bourses étrangères ; M. Nouguier peut être persuadé que ce n'est ni chez nous, ni dans nos familles, que telles choses se passeront.

Pour agir sur le jury, M. Nouguier a parlé des procès
que nous avions perdus mais il a tu avec soin ou par
oubli peut-être, qu'en 1841 dans le procès des *lettres*, le
ministère public n'avait pu obtenir le verdict qu'il récla-
mait. M. Nouguier n'a pas été plus heureux aujourd'hui
que son ancien collègue M. Partarrieu-Lafosse. Il se conso-
lera en mettant son plaidoyer de ce matin à côté de son
discours de rentrée. Ce sont deux morceaux de la même
force ; seulement M. l'avocat général verra cette fois, grâce
à l'intérêt accordé à notre procès, sa prose reproduite
par les journaux qui ont dédaigné celle d'il y a quelques
jours, pour faire connaître à toute la France le beau discours de M. de Charencey.

Nous devons remercier M. le président qui a conduit les
débats et qui les a résumés en magistrat digne du beau
nom qu'il porte. Un Brisson fut enfermé à la Bastille par
Bussy Le Clerc pour n'avoir pas menti à la foi due à
Henri IV ; un autre Brisson est inscrit avec gloire dans les
fastes parlementaires de la Fronde pour sa fidélité envers
Louis XIV, et nous avons retrouvé dans leur descendant cet
esprit impartial qui distinguait la vieille magistrature.

-Le jury est resté à la hauteur de sa mission, et il s'est
dégagé de toute préoccupation pour bien se pénétrer des
faits de la cause. Il a vu à quelles misères oratoires l'accusation était réduite, et il a fait bonne justice de cet échafaudage élevé à grand renfort de paroles. Il a rendu un
arrêt qui intéresse et sert toute la presse, car notre procès,
nous le répétons, n'était pas autre chose qu'un procès
d'intimidation.

Le verdict du jury prouve à la fois sa sagesse et son impartialité. Nous sommes heureux de lui payer notre tribut
de gratitude, et d'avoir trouvé en lui un bouclier contre les
désirs du parquet. Nous avons contracté aussi envers
Me Fontaine une de ces dettes de reconnaissance qui, loin
de peser aux gens de cœur, ne font que les attacher éter-
nellement par des liens que le temps ne peut rompre.

« La journée a été mauvaise, » s'est dit sans doute le
parquet en se retirant ; et nous, nous disons : « La journée
a été bonne. »

Pour nous, nous sommes heureux des sympathies que
nous avons rencontrées. Lors de nos saisies, nos amis se
pressaient en foule dans nos bureaux pour nous exprimer
leur étonnement d'une persécution si bénévole. Hier et
aujourd'hui, ils sont venus pour nous féliciter d'un acquittement dont ils ne doutaient pas.

Notre gérant, M. Frédéric Dollé, a reçu des marques
d'amitié dont il se souviendra toujours. Homme de cœur
et de loyauté, il n'avait pas hésité à prendre dans nos rangs,
une position d'autant plus périlleuse que l'acharnement
du parquet contre nous a toujours été grand. Royaliste de
cœur et de conviction, justement fier des preuves qu'il a
données dans le passé, le premier sur la brèche, il aurait

accepté sans murmurer un arrêt qui l'aurait frappé ; ce sacrifice il l'aurait fait à la cause, qu'il a toujours défendue ; mais heureusement le parquet n'a pas triomphé, et nous gardons avec joie parmi nous notre gérant libre et toujours dévoué, avec l'espoir que le ministère public, éclairé par deux défaites successives, sentira la nécessité de devenir plus prudent, et de réserver ses foudres pour les cas exceptionnels, dans lesquels nous espérons bien ne pas tomber.

LA QUOTIDIENNE.

« C'était une campagne contre la presse que l'on recommençait par le procès de *la France*, bien moins dans un but de répression que dans une volonté d'intimidation. La double poursuite dont le jury a fait bonne justice par un acquittement sur les divers chefs d'accusation était parti de plus haut que du parquet du procureur-général : le ministère le laissait trop bien voir par l'empressement inusité d'un grand nombre de substituts qui n'ont certes pas coutume d'accourir de toutes les chambres du tribunal et de la cour pour entendre la parole de M. Nouguier. M. Hébert, lui-même, payait de sa personne par une pantomime très expressive dont il attendait sans doute un tout autre effet sur le jury. La défaite en est d'autant plus éclatante. »

L'ÉCHO FRANÇAIS.

« Nous avons assisté hier à l'une des luttes les plus animées que la presse ait eu à soutenir contre le parquet.

» Pendant cinq heures, l'attention de quatre cents auditeurs a été constamment captivée par ce tournoi dans lequel la plus précieuse de nos libertés était en jeu.

» M. l'avocat-général Nouguier, encouragé par la présence de M. Hébert, son chef, a eu recours à toutes les ruses de l'art oratoire pour obtenir la condamnation de *la France*, à laquelle il reprochait notamment le délit d'offense envers un membre de la famille de Louis-Philippe, pour avoir dit que le ministère avait commis une haute inconvenance en faisant coïncider le voyage de M. le duc de Nemours en Angleterre avec celui de M. le duc de Bordeaux. Autour de ce prétendu délit, le parquet en avait groupé quatre ou cinq autres de la même force ; on connaît son habileté en ce genre.

» Mais le défenseur de *la France*, M⁰ Fontaine, démolissant pièce à pièce cet échafaudage, a mis, par une plaidoirie brillante et serrée, la conscience du jury à même de prononcer un verdict d'acquittement.

» Avant d'arriver au compte-rendu de l'audience, qu'il nous soit permis de féliciter nos amis d'un succès qui devient commun à toute la presse indépendante. »

LE NATIONAL.

« Il faut avouer que le ministère est singulièrement habile dans ses persécutions contre la presse. Il avait saisi deux numéros de *la France* coup sur coup ; prompt comme la colère, ne donnant pas à l'ennemi le temps de respirer, il avait sommé le gérant de comparaître à bref délai, par citation directe, sans instruction préalable, afin que le jury fît promptement justice du crime odieux que le journal avait commis.

» De quoi s'agissait-il donc? d'une provocation à la guerre civile, d'une attaque violente contre l'ordre établi, d'un appel aux armes ou de quelqu'autre atteinte à la société tout entière? non sans doute : ces crimes-là sont de ceux qu'on instruit et qui attendent. *La France*, dans son amour quelque peu aveugle pour le duc de Bordeaux avait fait des réflexions irrévérentes à propos du voyage de M. de Nemours en Angleterre. Ce journal s'étonnait qu'on envoyât le régent problématique à Londres au moment même où le comte de Chambord s'y promène; et il allait même jusqu'à demander si le fils de Louis-Philippe ne se rendait pas là-bas pour aller offrir ses hommages à celui qu'en un autre temps il appelait *son seigneur et maître*. Le parquet s'est montré indigné d'une pareille supposition. Et comme sous sa main le délit se multiplie, il avait vu je ne sais combien de méfaits dans les deux articles incriminés. M. Nouguier a donc soutenu l'accusation de sa plus chaude éloquence ; Mᵉ Fontaine l'a combattue avec talent, et, après une heure et demie de délibération, le jury a déclaré le gérant *non coupable sur tous les points*.

» C'est le second échec fort rude que le ministère éprouve avec la même feuille. On se rappelle ce fameux procès des *lettres* qui eut un si grand retentissement. Le parquet n'avait rien négligé pour rendre l'accusation terrible et solennelle ; le gérant et le rédacteur en chef avaient été emprisonnés ; on avait parlé d'un crime de faux. Peu à peu l'accusation se réduisit à un délit de presse et le délit lui-même fut absous par le jury. Cette leçon n'avait pas servi : on a voulu recommencer l'épreuve. On avait succombé quand il s'agissait du roi ; on a essayé si l'on ne serait pas plus heureux à propos du régent. Il nous semble que M. Guizot doit être satisfait désormais. Le bulletin est complet, rien n'y manque.»

On lit dans *le Charivari :*

« *La France* a été acquittée. L'audience a été longue, mais la figure de M. Martin (du Nord) l'était bien plus encore.»

Ce ne furent pas seulement les journaux royalistes qui blâmèrent l'inconcevable maladresse de ceux qui ont fait poursuivre la *France* deux fois en douze jours. Voici ce que disait la *Presse :*

« Le journal la *France* a été acquitté hier par la cour d'assises de la Seine, dans un procès auquel le ministère public avait imprimé, par l'ardeur et la célérité de ses poursuites une solennité toute spéciale. Le gouvernement a subi, dans cette occasion, un échec dont tous les partis d'opposition triomphent, et auquel tous les vrais amis du pouvoir ne sauraient trop regretter qu'on l'ait exposé dans une affaire où se trouvait compromis le nom d'un prince appelé par le pays à l'éventualité de la régence, tâche non moins auguste et plus délicate, plus difficile que la royauté!

» S'il est vrai que les conseils de la sagesse soient mieux écoutés dans la mauvaise fortune, c'est le moment pour nous de rappeler au parquet de Paris ce que nous lui répétons depuis trois ans, que la modération intelligente et la discussion libre valent mieux que l'ardeur impolitique qui aboutit à de tels résultats et reçoit de pareilles leçons. Le parquet de Paris se trompe, et nous le répéterons sans cesse, jusqu'à ce que l'autorité supérieure l'ait compris, dussent-ils se livrer l'un et l'autre contre nous à de nouvelles colères. Il compromet les grands intérêts qu'il est chargé de défendre, soit par la faiblesse de ses membres, soit par l'emportement de zèle qui les anime, et qui est aussi une faiblesse. On n'engage pas des batailles comme celle qu'il a perdue hier sans être à peu près sûr de les gagner, et, nous l'avouerons, c'est avec douleur que nous avons été témoins des efforts impuissans du ministère public pour obtenir une condamnation évidemment impossible dans cette affaire.

» En lisant les débats de ce procès, on est tenté de regretter que les lois de la presse permettent au ministère public de poursuivre les offenses commises contre les princes de la famille royale sans leur autorisation. Assurément, si M. le duc de Nemours eût été consulté dans la circonstance présente, il n'eût pas autorisé ces poursuites ; il eût surtout prié l'organe du ministère public de garder pour lui l'inconvenante explication qu'il a donnée du voyage du prince en Angleterre. Cependant il ne faut pas exagérer et conclure, comme le font certains journaux, de ces poursuites, que le ministère ait le projet de tenter une *réaction contre-révolutionnaire* au profit des princes de la famille royale, et de leur attribuer une inviolabilité que leur refuseraient nos lois constitutionnelles. La poursuite des offenses aux membres de la famille royale est conforme aux lois de 1819 ; seulement on ne saurait y mettre trop de réserve et d'habileté, deux qualités malheureusement bien rares aujourd'hui. »

LA QUOTIDIENNE.

Avant-hier, dans l'attente du succès, on avait sténografié avec le plus grand soin le discours et la réplique de M. Nouguier ; le procès de la *France* devant remplir les deux tiers au moins du journal ministériel du soir. Le jury n'ayant pas voulu servir les colères ministérielles, on s'est ravisé. Le compte-rendu des débats s'est réduit à cette laconique formule : « Le journal la *France* a été acquitté aujourd'hui. » Et les lecteurs du *Messager* ont reçu, en échange de l'éloquence judiciaire de M. Nouguier, un incommensurable chapitre du cours de littérature dramatique de M. Saint-Marc-Girardin. Triste mais suffisante compensation !

On lit dans le *Courrier du Bas-Rhin* :

« Un procès a été intenté à la *France*, journal légitimiste, et ce procès a été immédiatement suivi d'un second, sans doute afin d'intimider les journaux dévoués à la branche aînée, et d'arrêter l'essor de leur admiration pour le prétendant par la peur de grosses amendes et de longs mois de prison.

» Enfin, pour contrebalancer l'impre sion que pourrait faire le duc de Bordeaux en Angleterre, et surtout pour l'empêcher de recevoir accueil à la cour de la reine Victoria, le gouvernement fait partir pour Londres le duc et la duchesse de Nemours. Comment la reine d'Angleterre, qui vient d'être si gracieusement hébergée au château d'Eu, oserait elle recevoir le duc de Bordeaux, en présence du fils de Louis-Philippe ?

» Toutes ces appréhensions du gouvernement doivent paraître au moins étranges, et nous prouvent une fois de plus combien nous avons fait de chemin depuis 1830. Quelle crainte eût inspiré, après la révolution de juillet, un prétendant au trône de France, sur la frontière même de notre pays ? Aucune, parce que la nation était alors compacte et unie dans un même sentiment ; la légitimité semblait à jamais bannie, et Charles X a pu résider pendant des années en Ecosse, sans que le gouvernement français en ait conçu ombrage. Il faut que le gouvernement actuel se sente moins fort qu'alors, il faut qu'il ait la conscience d'avoir soulevé bien des mécontentemens au sein du pays, pour redouter aujourd'hui le rejeton d'une race qui fut bannie du sol de la France il y a si peu d'années. »

L'Orléanais :

» Le ministère vient encore de recevoir un nouvel et complet échec dans les poursuites dirigées contre la *France.*

» Après le long réquisitoire de M. Nouguier, avocat-général, M⁰ Fontaine, avocat du barreau de Paris, et que nous sommes heureux de pouvoir compter au nombre de nos compatriotes, prit la parole pour la *France* et, en un discours plein de chaleur et de verve, détruisit une à une les charges élevées à si grands frais par le ministère public. Après un résumé impartial des débats, le jury se retire et ne rentre dans la salle que pour rendre un verdict qui déclare la *France* non coupable sur toutes les questions. cette leçon, après tant d'autres, rendra-t-elle plus circonspect le pouvoir et lui apprendra-t-elle à ne plus se compromettre dans des poursuites ridicules qui atteignent un but contraire à celui qu'il se propose et nuisent à la cause qu'il prétend servir pour tourner au profit de celle qu'il voudrait abaisser.

La *Presse* n'a pu s'empêcher de revenir sur les conséquences de cet acquittement, et elle disait le 12 novembre :

« Dans l'affaire de la *France*, le jury n'a point fait un acte politique, il n'a voulu ni encourager l'espérance d'un parti, ni préparer une révolution nouvelle. Il a tout simplement rempli sa mission de juge. On lui a déféré un écrivain qui n'était pas sorti des bornes d'une discussion légitime ; le ministère public a fait devant lui des efforts désespérés pour lui montrer un crime là où il n'existait qu'une critique malveillante, si l'on veut, mais inévitable sous un régime de liberté. Le jury n'a point voulu partager l'aveuglement du parquet. il a déclaré le prévenu non coupable, parceque, en effet, le prévenu n'était pas coupable, et nous eussions jugé comme lui, nous qui assurément n'avons pas de sympathies pour les révolutions.

« Mais n'est-il pas déplorable, nous ne saurions trop le répéter, qu'une mission aussi délicate que celle de poursuivre les écarts de la presse périodique soit confiée à des hommes dont le zèle maladroit ne sait que tracasser et entraver les amis du pouvoir, ou préparer à ses ennemis de pareils triomphes ? »

LE GLOBE.

« Le jury, en matière politique, a, lui aussi, sa bataille de Toulouse, que, suivant l'opposition, il a gagnée quand il acquitte, et qu'il a perdue lorsqu'il condamne. Les douze jurés qui ont acquitté jeudi le journal la *France* sont aussi *probes* et *libres* que leur probité et leur liberté eussent été suspectes s'ils avaient rendu un verdict de culpabilité ; de même que ceux qui voient dans un acquittement par le jury un échec pour le ministère ne sont pas plus raisonnables que ceux qui crient victoire pour le ministère lorsqu'il y a condamnation.

« L'infaillibilité du jury se comprend dans les matières civiles ; mais dans les causes politiques, faire un crime au ministère public de ne pas faire condamner ceux qu'il traduit devant des jurés, c'est en vouloir à quelqu'un qui, jouant à pile ou face, ne gagnerait pas toujours. L'homme est naturellement porté à l'indulgence, et nous ne concevons aucun frein à ce sentiment, lorsque la société n'a pas grand intérêt à la punition du coupable. Le bourgeois le plus *cagnard* ne verra jamais un Monck dans M. Dollé, le gérant de la *France* ; il ne croira jamais le levier de ce journal assez puissant pour donner la plus petite secousse au trône de juillet. Il faudrait qu'il y eût injure au roi et à sa famille, et injure que ne couvrît aucun voile allégorique pour qu'un tranquille et honnête citoyen dût s'en émouvoir: le délit d'allusion est au dessus des forces de son intelligence, et ce délit même lui fût-il bien montré, qu'il hésiterait encore à le punir.

« Est-ce à dire que le ministère public, qui voit le délit, qui le comprend doive laisser faire et laisser passer? Non ; il manquerait à son devoir : Fais ce que tu dois, advienne ce que pourra ; voilà sa règle de conduite. Il n'est pas dit, d'ailleurs, que toujours *il tombera face.* »

« Un journal dit qu'en matière de procès à la presse, le parquet semble tout à fait battre la campagne. Il est certain que pour le moment il doit être aux champs. »   (*Charivari.*)

« Le gérant de la *France* a été déclaré non coupable par le jury. On peut dire que ç'a été un acquittement à bref délai. M. l'avocat général Nouguier avait l'air fort embarrassé de l'accusation, et il a sué sang et eau pour établir la culpabilité. Nous croyons, en effet, que c'était un procès à faire suer.   (*Corsaire.*)

GAZETTE DE FLANDRE ET D'ARTOIS.

« Nous avons la satisfaction d'annoncer à nos lecteurs l'acquittement de la *France.* Le jury a rendu un verdict de non-culpabilité.

« Ce n'est certes pas aux gens du *roi* qu'il faut attribuer ce bon résultat, car tous, et à l'envi, ont rivalisé de zèle pour mener cette affaire rondement et à bonne fin ; et c'est à ce point que moins de huit jours ont suffi au ministère public pour saisir la feuille légitimiste, instruire l'affaire, citer M. Dollé à la barre des assises, et terminer les débats. On comptait, en certain lieu, sur une dure condamnation ; on y parlait, avec un laisser-aller tout-à-fait plaisant, de la nouvelle leçon qui serait donnée au parti légitimiste tout entier dans la personne d'un de ses plus fermes organes. On n'avait rien négligé pour donner du retentissement à cette affaire... M. Nouguier devait y déployer tous ses talens sous les yeux de M. Hébert lui-même ; mais les choses ont eu un tout autre résultat que celui qu'on attendait : au lieu d'une victoire on n'a reçu qu'un échec grave.

« C'est encore une occasion pour nous de rendre un témoignage éclatant à l'esprit d'indépendance et de liberté qui anime MM. les jurés, en dépit des efforts réitérés de l'administration. Il faut espérer que la leçon que le gouvernement voulait donner il la gardera pour lui-même, et qu'il ne s'exposera plus, d'ici à quelque temps, à de nouveaux déboires. »

On lit dans *le Propagateur de l'Aube :*

« Le journal *la France*, traduit en cour d'assises sous la prévention de quatre délits, a été acquitté par le jury de la Seine, après une heure et demie de délibération. Il l'a été, malgré le remaniement des listes du jury ; il l'a été malgré la citation directe, malgré l'accumulation des chefs de prévention, malgré la grosse et bruyante déclamation de l'avocat-général.

LE COURRIER FRANÇAIS.

« Personne, à l'exception du 29 octobre, ne s'alarme du voyage du duc de Bordeaux en Angleterre ; nul ne prend ombrage de la cour que forme autour de lui une émigration de notabilité légitimistes. Le ministère ne pouvait rien de plus maladroit que de paraître charger le duc de Nemonrs de relever le gant, et d'aller, au-delà du détroit, parader, face à face du prétendant, dans un tournoi dynastique dont les nobles de la Grande-Bretagne seront les juges, dont la reine Victoria décernera le prix.»

On écrit de Londres au *Correspondant de Nuremberg,* que toute la haute société écossaise s'est empressée autour de M. le duc de Bordeaux.

Le *Journal du Havre* dit que le voyage de M. le duc de Bordeaux en Angleterre cause toutes sortes de frayeur au gouvernement actuel.

Un journal allemand dit que les négociations continuent pour *obtenir* de la reine Victoire la non-présentation de M. le duc de Bordeaux. Ce journal ajoute que ces inquiétudes et ces menées du gouvernement français sont un signe de faiblesse et rappellent une scène du banquet de Macbeth.

Voici un passage de l'article du *Times* relatif à Mgr le duc de Bordeaux :

« . . . Les qualités de son rang et de son infortune brillent d'autant plus en sa personne, que le lustre d'une couronne n'en ternit pas l'éclat. Ajoutez à ceci (si nous pouvons nous en rapporter aux assurances de ceux qui l'ont approché) un caractère personnel qui conserve à un haut degré la dignité de son rang et les manières aimables de sa race. Nous n'avons pas besoin de dire aux hautes classes de la société anglaise l'accueil auquel a droit cet hôte : sa naissance le dit assez ; son exil le commande, et il est impossible de combiner à un plus haut point les deux plus forts stimulans de la courtoisie que nous devons même à des étrangers d'un rang bien moins élevés. Les plus nobles maisons d'Angleterre seront fières de recevoir le petit-fils de Charles X , voyageant dans la Grande-Bretagne avec sa suite, et nous pouvons affirmer que cette réception ne devrait pas être limitée à l'hospitalité des sujets de la reine d'Angleterre. »

L'ÉMANCIPATEUR DE FLANDRE ET D'ARTOIS.

« Nous avons aujourd'hui une bonne nouvelle à enregistrer pour la liberté de la presse. Le journal *la France* a été acquitté des chefs des odieuses poursuites intentées contre lui. Nous félicitons cordialement *la France* d'avoir échappé aux nouvelles persécutions des ennemis de la liberté de la presse. »

L'AMI DE L'ORDRE.

» Malgré les efforts de M. Nouguier, qui paraît avoir poussé le zèle jusqu'à la passion, le jury a prononcé un verdict d'acquittement.

» On sait que la plupart des journaux de Paris avaient déclaré ne rien comprendre à la double saisie dont *la France* avait été l'objet, tant, à leur avis, les deux articles publiés avaient respecté la limite posée par les lois qui régissent la presse. Le jury a été du même avis.

» L'un des deux articles consistait dans un extrait textuel d'un ouvrage publié il y a plusieurs années et non poursuivi jusqu'à ce jour.

» La presse parisienne voit dans l'acquittement de *la France* un échec pour le ministère, qui avait poussé ce procès vite et fort, comme s'il eût eu besoin d'une prompte condamnation. »

L'UNION PROVINCIALE.

« S'il est vrai qu'en se rendant à Londres M. le duc de Nemours ait pour but de disputer à un exilé l'honneur d'une entrevue royale et les triomphes de la popularité, nous doutons qu'il revienne sâ-tisfait de cette glorieuse campagne.

« M. le duc de Nemours traînera à sa suite un cortége quasi-royal ; il aura des aides-de-camp chamarrés d'or, une domesticité nombreuse et brillante. L'hospitalité du château d'Eu lui sera probablement rendue avec prodigalité. Mais que pourrait-il y avoir de nouveau pour les Anglais dans un pareil spectacle ? Est-ce que toutes ces pompes de la puissance ne leur sont pas familières ? est-ce qu'ils ont quelque chose à envier à l'éclat de notre cour citoyenne ? est-ce qu'à la rigueur le fils du *roi des Français* lui-même ne pourrait pas être éclipsé par plus d'un simple lord, dont les millions sont peut-être administrés moins bourgeoisement que ceux de la liste civile ?

» Mais ce qui sera vraiment nouveau, ce sera de voir dans le cortége d'un exilé toutes les illustrations de notre belle France : illustrations du génie, de l'éloquence, de la fidélité, de la gloire militaire. Il y a sans doute, en Europe, beaucoup de princes comme M. le duc de Nemours ; il n'y a, dans ce siècle, qu'un Château-briand. »

« La *Gazette de Trèves*, en parlant du procès de *la France*, dit, avant que l'issue en fût connue, « que le pouvoir attendait une condamnation de trois ans de prison et une amende de quinze mille francs, étant décidé à poursuivre vigoureusement la presse royaliste. »

» Les espérances du parquet et de M. Martin (du Nord) ont été étrangement déçues, puisqu'on annonçait d'avance une sévère condamnation dans bon nombre de journaux allemands et autres. »

« On assure qu'un personnage a dit récemment, aux Tuileries : Nous jouons de malheur avec *la France* ; l'avocat-général a été faible.

» Il paraît aussi, le parquet ayant échoué dans cette affaire, que M. Hébert et ses subordonnés ne sont plus trouvés assez habiles, ni les jurés assez bien choisis.

L'Hermine de Nantes, ce noble et courageux journal, si persécuté lui-même en ce moment dans son gérant, dans M. Ange de Léon, et même dans un de ses loyaux directeurs, le comte Charles de Kersabiec, reproduit toutes les appréciations de la presse de Paris sur l'acquittement de *la France*.

LA MODE.

« *La France* est victorieusement sortie de son duel avec le parquet. Nous nous réjouissons avec toute la presse du triomphe remporté par ce courageux journal, que la sympathie de tous les hommes de cœur avait suivi à l'audience. On peut dire que ce procès intéressait la presse tout entière, car il s'agissait de savoir s'il était permis à l'histoire de demeurer historique, même quand elle était de nature à déplaire au ministère, et si cet axiome qui veut que tout acte politique du gouvernement trouve un éditeur responsable, existait encore ou s'il n'était plus qu'un vain mot. En effet, s'il était défendu de juger le voyage de M. le duc de Nemours à Londres, à cause de sa qualité de prince de la famille régnante, la responsabilité ministérielle disparaissait, et le droit de discussion était détruit. Grâce au bon sens du jury, il en a été autrement, et nous nous en félicitons comme hommes de presse et comme coreligionnaires politiques de *la France* et de son honorable et énergique gérant M. Frédéric Dollé. Le ministère comptait, à ce qu'il paraît, sur quinze mille francs d'amende et trois ans de prison.

» Que dire des feuilles ministérielles qui prennent texte de l'acquittement pour exalter la mansuétude du régime sous lequel nous vivons? Ont-elles oublié par hasard que, pour une rare victoire, la presse a eu cent échecs ; que le livre des écrous sera bientôt rempli, tant le nombre des écrivains emprisonnés a été considérable, et que la caisse des amendes n'a jamais eu de plus grosses recettes? On voit bien que *le Globe*, qui nous interpelle à ce sujet, ne fait pas la guerre à ses dépens. Un peu plus de générosité, Messieurs les gens de la presse ministérielle! Que voulez-vous? Même ceux qui jouent avec des dès pipés ne gagnent pas à tout coup, et il faut bien perdre quelquefois, ne fût-ce que pour édifier la galerie. Quant au parallèle que vous prétendez faire entre les régimes de la restauration contre la presse et les mansuétudes du régime actuel, nous n'avons qu'un mot à vous répondre. M. Barthe, ce carbonaro à demi débarbouillé, dont vous avez fait un magistrat, disait, sous la restauration, en défendant un écrivain : « Huit » jours de prison sont déjà une peine très forte pour un délit de » presse; quinze jours seraient une peine effrayante ; un mois se- » rait une peine terrible.» Que penseriez-vous si le défenseur d'un journal royaliste tenait le même langage? Vous le trouveriez ridicule. Cela suffit pour montrer combien les pénalités contre la presse se sont adoucies sous l'ordre de choses actuel.»

FEUILLE DE DOUAI.

On sait que deux numéros du journal *la France* avaient été saisis. *La France* citée directement en vertu des lois de septembre et à bref délai a comparu devant le jury de la Seine jeudi dernier. Malgré les efforts de M. Nouguier, avocat-général, le journal royaliste a été acquitté.

L'acquittement de *la France* témoigne une fois de plus des sympathies du pays pour la presse. Certains hommes sans portée d'esprit voudraient restreindre la pensée dans des limites plus étroites encore que le lui ont posées les lois de septembre, mais leurs tentatives trouveront toujours dans l'intelligence de la nation de puissans obstacles. M. Nouguier avait en vain espéré faire sortir une condamnation de cette coïncidence du procès de *la France* avec le voyage de M. le comte de Chambord en Angleterre. Le bon sens du jury a déjoué son calcul.

L'OUEST.

« *La France* est sortie victorieuse de la nouvelle épreuve judiciaire à laquelle le parquet de Paris, stimulé par la colère de M. Guizot, avait tenté de la soumettre. Il y a dans cet épisode heureux de l'histoire de la liberté de la presse en France plus qu'une bonne nouvelle; il y a un enseignement qui, il faut l'espérer, ne sera perdu pour personne : pour les journaux, qui sauront qu'en se tenant dans la ligne modérée qu'a su toujours garder *la France*, qu'en se renfermant dans une opposition consciencieuse et de principe, on a toujours pour sauve-garde l'opinion publique ; pour le pouvoir, qui, en apprenant que la liberté de la presse est prise au sérieux par la nation, finira par mettre plus de réserve dans ses attaques contre une liberté qui couvre toutes les autres.

« L'acquittement de *la France* est un véritable échec pour lui. Aussi devons-nous espérer que ses susceptibilités seront moins

faciles désormais à prendre ombrage de simples citations historiques, et qu'il ne verra plus, par exemple, d'allusion fâcheuse pour
le gouvernement dans l'entrée de Louis XIV à Paris, en substi-
tuant 1843 à 1652.

« Dans la défense de la feuille royaliste, Mᵉ Fontaine, son éloquent et habile avocat, a dit :

« Que contient cet article? M. le duc de Bordeaux voyage pour
« son instruction ; il a été en Prusse, il vient en Ecosse pour y re-
« cueillir les souvenirs du passé et pour y donner des témoignages
« de sa reconnaissance à ceux qui ont aidé ses aïeux ; il vient en
« Ecosse pour visiter une terre généreuse et hospitalière à ses mal-
« heurs. Ce voyage n'a rien de politique, et cela, M. l'avocat général
« l'a reconnu lui-même ; il n'y a aucune pensée politique dans cette
« pérégrination. Eh bien ! n'a-t-on pas décidé que le duc de Ne-
« mours se rendrait aussi à Londres? A quoi bon? qu'y va-t-il
« faire? Sa présence a-t-elle quelque utilité? N'est-ce pas là une
« pensée bien malheureuse? »

« Il n'est personne en France qui n'en ait été choqué. Le jury de
la Seine l'a prouvé en absolvant le journal incriminé et en apprenant au ministère qu'il a été en effet mal inspiré. »

JOURNAL DES VILLES ET CAMPAGNES.

La lutte engagée par le ministère public contre le journal *la
France* a été des plus animées. M. l'avocat-général Nouguier, encouragé par la présence de M. Hébert, son chef, a employé toutes
les ruses de l'art oratoire pour faire condamner son adversaire :
on tenait d'autant plus à ce succès qu'on eût poursuivi avec un
abandon plus téméraire la campagne méditée contre la presse.
Mais le jury, éclairé, convaincu par la plaidoirie de Mᵉ Fontaine, a
prononcé contre le ministère public. Son verdict commandera-t-il
plus de réserve à ceux que tourmente fatalement la manie de
mentir à l'une des plus solennelles promesses de 1830?

MÉMORIAL AGENAIS.

Le parquet éprouvait le besoin de se refaire la main à l'endroit
des poursuites judiciaires contre la presse, et il se demandait sans
doute sur quel organe de l'opinion indépendante il dirigerait la
foudre de sa vengeance. Il n'y avait pas possibilité d'user de rigueur
envers *le National*, car on devait lui tenir compte de tout ce qu'il
a fait en faveur des fortifications et aussi des vieilles calomnies
qu'il a ressuscitées contre les légitimistes. C'est donc sur ces derniers que tombera le griffe des lois de septembre. Aussi bien on
commence à s'apercevoir que la France apprécie les royalistes
mieux qu'elle ne l'avait fait jusqu'à présent : ils émettent hautement leurs doctrines, leurs principes, leurs vœux pour la liberté,
la prospérité, la dignité de leur patrie, et le peuple qui les lit, qui
les écoute, reconnaît qu'on l'avait indignement abusé sur leur
compte. Les royalistes, dans l'intérêt du peuple, demandent la liberté d'enseignement ; ils veulent que la moralité la plus scrupu-
leuse préside à tous les actes du gouvernement, que l'élection
soit dégagée de toute influence corruptrice, que notre diplomatie
ne parle pas à genoux dans les congrès européens ; voilà bien des
raisons pour déplaire aux doctrinaires et rattacher au principe
monarchique ceux qui ont perdu leurs illusions au contact des
gouvernans du juste-milieu. — Donc, il faut réquisitionner contre
la presse royaliste. — Et puis Henri de France, qui voyage en
Ecosse pour compléter son instruction, excite cent fois plus l'attention de sa patrie que M. le duc de Nemours allant chercher des
sympathies en Bretagne, et ne trouvant que des écharpes trico-

lores et des préfectures officiellement enthousiasmées. Donc c'est la presse royaliste qui est cause de l'intérêt qui s'attache au noble exilé ; vite il faut poursuivre à outrance un organe de la presse royaliste. Et voilà pourquoi, en dix jours, le journal *la France* a été saisi deux fois à la poste et dans ses bureaux, et pourquoi il est cité en cour d'assises sous la prévention d'une infinité de crimes et délits.

LE RÉPARATEUR DE LYON.

En voyant la persistance du ministère public, le combat acharné qu'il a livré pendant cinq heures, toutes les ruses oratoires dont il s'est servi pour extraire cinq chefs de culpabilité des deux articles incriminés de *la France*, nous nous rappelions involontairement les listes épurées du jury, les derniers procès de la presse qui avaient compté comme autant de condamnations, et nous avons redouté un instant que *la France* ne vînt augmenter le nombre des victimes du Système. Aussi la nouvelle de son acquittement nous a-t-elle heureusement surpris. Nous eussions doublement souffert de voir un journal que nous aimons immolé à des rancunes nées dans la fameuse audience du 24 avril 1841.

Comme l'*Echo Français*, nous féliciterons donc *la France* d'un succès qui devient commun à toute la presse indépendante.

LA GAZETTE DE METZ.

L'accusation a été soutenue par M. Nouguier, avocat-général. Ce n'est pas seulement, a-t-il dit, nos institutions politiques qui sont attaquées ; c'est la personne du roi. Selon lui, l'écrivain, en rappelant l'entrée de Louis XIV à Paris, n'a eu d'autre but que de parler de Mgr. le duc de Bordeaux. Pour le démontrer, il a lu une partie de l'article, et demandé où l'on avait vu qualifier Louis XIV de *jeune roi*, et si jamais Louis XIV avait porté le nom de *Dieudonné* ; c'était donc bien du duc de Bordeaux qu'on avait voulu parler.

Arrivant au second article incriminé, M. l'avocat-général a dit que c'était avec stupeur qu'il l'avait lu. Il s'agit du voyage du duc de Nemours en Bretagne et de son voyage en Angleterre. Ici, a-t-il dit. il est impossible de rien cacher ; on y a prodigué l'injure à M. le duc de Nemours ; on dit qu'il ne doit aller en Angleterre que pour persécuter le duc de Bordeaux.

Après s'être efforcé d'établir aussi le délit d'adhésion à une autre forme de gouvernement, M. Nouguier a demandé la répression sévère des *écarts* du journal incriminé.

Me Fontaine, dont nous regrettons de ne pouvoir même analyser la plaidoirie, a combattu l'accusation avec logique, avec chaleur ; il l'a renversée pièce à pièce.

LA GUIENNE.

Le journal *la France* vient d'être acquitté. C'est un triomphe pour cette liberté de la presse qui gêne tant le pouvoir. et pour une feuille qui défend avec tant de talent, de courage et de dévoûment la cause royaliste.

On lit dans le *Morning-post* du 13 novembre :

« Nous avons reçu les journaux de Paris de vendredi, la plupart d'entr'eux s'occupent des poursuites injustement intentées contre la feuille royaliste la *France* pour deux articles qu'elle a publiés sur la visite simultanée des ducs de Bordeaux et de Nemours dans notre pays.

« L'acquittement du gérant de la feuille royaliste la *France* attire l'attention de la presse française. Parmi les nombreux procès intentés à la presse depuis l'accession au trône de la dynastie actuelle le procès de la *France* est celui où le gouvernement à montré la plus indigne rancune et celui où il a subi une défaite bien méritée. Nous n'avons point de place pour insérer les deux articles inculpés de la *France* qui ont été représentés au jury comme attaquant les droits de Louis-Philippe, offensant les membres de la famille royale, excitant à la haine et au mépris du gouvernement du roi, et enfin, contenant en substance, une adhésion à une autre forme de gouvernement. »

Ici le journal cite le remarquable passage de l'article incriminé où on mettait en parallèle la modestie et la simplicité du prince que chercherait vainement à éclipser l'éclat tout officiel de M. le duc de Nemours.

Les journaux allemands et ceux de divers autres pays contiennent des articles analogues à ceux que nous venons de citer, et attestent combien le procès de *la France* a surexcité les sympathies en même temps qu'il a fait publiquement apprécier les motifs tout particuliers de ces solennels débats.

La France doit, dans l'intérêt de la liberté de la presse bien plus encore que dans le sien propre, se montrer reconnaissante et fière de cette honorable confraternité, qui a rendu hommage à son indépendance, à son courage, payé un noble tribut au jeune prince dont les infortunes n'ont d'égales que ses hautes qualités, et l'admiration avec laquelle il est accueilli partout sur son passage.

Ainsi s'est terminé par un glorieux acquittement ce procès qui a été le texte de tant de durs reproches contre le ministère, dont le coupable aveuglement et la triste obstination se plaisent à fournir aux feuilles de l'opposition des sujets de discussions à la suite desquelles il espère les voir frapper d'amendes et de prison. Ses amis même n'ont pas failli en cette circonstance à un devoir d'impartialité à notre égard, et ils ont déclaré qu'ils comprenaient comment le bon cœur et le bon goût avait dû s'indigner à la pensée qu'au moment où Mgr le duc de Bordeaux allait faire en Angleterre un voyage pour son instruction, on y expédiait son cousin, M. le duc de Nemours, chargé sans doute d'éclipser par son luxe officiel les magnificences spontanées et les ovations sincères dont l'aristocratie anglaise, comme les classes populaires, entourent la simplicité et la modestie de l'auguste exilé.

Et maintenant, Henri de France, vous qui, sous le nom tout français de comte de Chambord, êtes venu en Écosse pour vous y montrer reconnaissant de l'hospitalité prodiguée à votre enfance, et en Angleterre pour apercevoir de loin le rivage de votre pays, vous pouvez plus librement recevoir les hommages dont on vous environne; plus librement encore vous pouvez dans vos courses, toujours consacrées au perfectionnement de vos études politiques ou sociales, observer avec soin tout ce qui est relatif aux arts, au commerce, à l'industrie, à l'intérêt du peuple, plus librement encore vous pouvez parler de la France à ces chevaleresques pélerins qui vont porter leurs grands noms, leur immortel génie, leur vieille gloire et leur invariable fidélité auprès de votre royale personne. Vous devez désormais vous sentir plus à l'aise, car il vous a été donné, par ce verdict, importante manifestation de l'esprit public, de constater l'opinion des représentans de la justice de votre pays sur ce voyage dont vos ennemis s'alarment tant, sur votre caractère, que chacun maintenant admire, car toutes les opinions l'ont vanté. Vous étiez sûr des sympathies de vos amis; vous ne l'êtes pas moins aujourd'hui de celles des hommes qui viennent d'apprendre à vous connaître, et dont cette affaire a eu pour résultat d'éclairer les esprits, d'émouvoir les cœurs.

Votre grandeur d'âme, votre générosité vous inspireront les plus purs sentimens en pensant à celui qu'on veut vous opposer, et sur ces lieux où tous les deux peut-être vous vous rencontrerez, vous serez toujours proclamé le plus grand par votre sainte résignation et votre noble courage en attendant l'avenir.......

FIN.